Jürgen Hesse
Hans Christian Schrader

Persönlichkeitstests

Eignungs- und Einstellungstests sicher bestehen

W0194137

 berufsstrategie exakt

Eichborn

Die Autoren

Jürgen Hesse, Jg. 1951, geschäftsführender Diplompsychologe im Büro für Berufsstrategie, Berlin.
Hans Christian Schrader, Jg. 1952, Diplompsychologe, Berlin.

Anschrift der Autoren

Hesse/Schrader
Büro für Berufsstrategie
Oranienburger Str. 4–5
10178 Berlin
Tel.: 030 / 28 88 57-0
Fax: 030 / 28 88 57-36
www.berufsstrategie.de

www.berufsstrategie.de
– Kostenloser Download von zusätzlichen Persönlichkeitstests
– Bearbeitungshilfen und Test-Tipps

Dieses Buch entstand unter besonderer Mitarbeit von
Johannes Minnich, Berlin.
Zeichnungen: Donatella Locci

1 2 3 4   09 08

© Eichborn AG, Frankfurt am Main, März 2008
Umschlaggestaltung: Christina Hucke
Layout: Susanne Reeh/Tania Poppe
Satz: Fotosatz Reinhard Amann, Aichstetten
Druck und Bindung: Fuldaer Verlagsanstalt, Fulda
ISBN 978-3-8218-5860-9

Eichborn Verlag, Kaiserstraße 66, D-60329 Frankfurt am Main
Mehr Informationen zu Büchern und Hörbüchern aus dem Eichborn Verlag finden Sie unter www.eichborn.de.

Inhalt

Einleitung

»Die Persönlichkeit ist unerforschlich.«
Johann Wolfgang von Goethe

Den meisten Menschen fallen bei dem Wort Persönlichkeitstest sicherlich zuerst Bewerbungssituationen oder der sogenannte »Idiotentest« nach einem Führerscheinentzug ein. Dabei sind Ausleseverfahren, mit denen der Charakter einer Testperson geprüft werden soll, nicht erst in unserer Zeit entwickelt worden. Will man die Ursprünge des Testphänomens ergründen, muss man bis in biblische Zeitalter zurückblicken; um aus den Bewerbern für einen Platz im Heer Gideons im Krieg gegen die Midianiter die geeigneten Soldaten auszuwählen, sprach Gott zu Gideon: »Wer mit seiner Zunge Wasser leckt, wie ein Hund leckt, den stelle besonders …« (Richter 7,5). Von ursprünglich 10 000 schlürften daraufhin 300 Bewerber ihr Wasser »hundegleich« und wurden zum Heeresdienst zugelassen.

Ihren großen Einsatz in neuerer Zeit erfuhren Intelligenz- und Persönlichkeitstests im Ersten Weltkrieg, als gewaltige Kontingente an Rekruten gemustert und je nach Begabung auf die verschiedenen Heeresgattungen verteilt werden mussten. Besonders für die Auswahl von Offizieren entwarf die sogenannte »Heerespsychologie« psychologische Testverfahren, die dann vor allem während des Zweiten Weltkrieges verstärkt eingesetzt wurden. Die meisten Testansätze stammen noch aus dieser Zeit.

Auch wenn die Ursprünge längst in Vergessenheit geraten sind, Auswahltests haben Hochkonjunktur. Ständig weiter verfeinert, sollen sie den Wünschen von Personalabteilungen in Firmen und Institutionen sowie den Forderungen aus dem militärischen oder psychiatrischen Bereich auf optimale Weise Rechnung tragen.

Persönlichkeit lässt sich jedoch nicht normativ erfassen. Da sich der Charakter aufgrund seiner Komplexität einer genauen Einordnung entzieht, ist man dazu übergegangen, einzelne Komponenten der Psyche zu isolieren und separat zu betrachten. Dadurch geht jedoch der Blick auf das verloren, was eigentlich ergründet werden sollte: der Mensch in seiner Gesamtheit (individuus, lat.: unteilbar). So meint der amerikanische Psychologe Gordon W. Allport in diesem Zusammenhang, »viele Forscher (würden) sich primär dafür interessieren, dass ihre Versuche exakt sind, als dafür, dass sie dem Gegenstand entsprechen«, und »dass die Ergebnisse umso kümmerlicher sind, je exakter man die Forschungsmethoden gestaltet«.

Die Tatsache, dass das menschliche Verhalten stark von kulturellen Faktoren abhängt, wird in den meisten Persönlichkeitstests nicht berücksichtigt. Die Testautoren orientieren sich zumeist einseitig an den Vorgaben der westlichen Industrienationen und lassen neben den bereits erwähnten persönlichen Eigenheiten auch kulturelle bzw. ethnische Besonderheiten unberücksichtigt.

Es gibt viele Kritikpunkte an Persönlichkeitstests (wir werden darauf noch zurückkommen), wie man auch gute Gründe findet, sie ganz abzulehnen. Hat man sich jedoch einmal entschlossen, an derartigen Testverfahren teilzunehmen, oder ist aufgrund der angestrebten Stelle dazu gezwungen, sollte man wissen, auf was man sich einlässt und worauf es ankommt.

Mit diesem Buch wollen wir Ihnen dabei behilflich sein.

Sinn und Aufbau von Persönlichkeitstests

Warum Persönlichkeitstests?

»Mit was für einem Menschen habe ich es zu tun?«, lautet die wohl wichtigste Frage, die sich ein Arbeitsplatzanbieter stellt. Und es ist in der Tat ein legitimes Anliegen eines jeden Arbeitgebers, festzustellen, ob ein Bewerber oder eine Bewerberin auch von der Persönlichkeit her auf den angebotenen Arbeitsplatz passt. Ebenso lässt sich leicht nachvollziehen, was für ein Problem es angesichts einer großen Bewerberzahl oftmals bedeuten kann, sich mit jedem Kandidaten in einem Vorstellungsgespräch einzeln intensiver zu beschäftigen. Also ist es naheliegend, die Masse der Bewerber zu kategorisieren, um einen ersten Überblick zu erhalten und so vermeintlich die Spreu vom Weizen trennen zu können.

In diesem ersten Ausleseverfahren sollen die Charaktereigenschaften, die Wesenszüge, insgesamt also die Persönlichkeitsstruktur des Bewerbers ergründet werden. Gegenstand der Nachforschungen sind nicht die Eignung oder die Intelligenz, nicht primär die Fähigkeit, eine bestimmte Tätigkeit ausüben zu können, sondern vielmehr die Persönlichkeitsmerkmale, das heißt der Charakter des Bewerbers.

Im Mittelpunkt steht die Frage: Passt dieser Bewerber zu uns, fügt er sich möglichst reibungslos in das vorhandene Team ein? Ist er ein einsatzbereiter, leicht zu »handhabender«, gut »funktionierender« potenzieller Mitarbeiter? Um diese Fragen zu beantworten, konzipierten Psychologen mehr oder weniger geeignete Persönlichkeitstests. Dabei sind die unterschiedlichsten und zum Teil dubiosesten Verfahren entwickelt worden, mit denen vorgefertigte Raster über die Arbeitssuchenden gelegt werden, um so feststellen zu können – jedenfalls nach Meinung der Testautoren –, wessen Persönlichkeitsstruktur dem Idealklischee vom pflegeleichten, aber hoch motivierten und stark belastbaren Mitarbeiter am nächsten kommt. Der Einsatz dieser Persönlichkeitstests dient dazu, einen optimalen Einblick in die Psyche des Bewerbers zu erhalten, in seine allgemeinen Verhaltensweisen, insbesondere aber seine Reaktionen in bestimmten Situationen wie z. B. bei Konflikten oder Stress kennenzulernen.

Ohne Zweifel hat ein Arbeitgeber Anspruch auf eine korrekte Arbeitsleistung durch den Arbeitnehmer, den er dafür entlohnt. Dem »Ausforschungsinteresse« des Arbeitgebers bei der Bewerberauswahl müssen jedoch Grenzen gesetzt werden. Unserer Meinung nach stellt der absolute Anspruch des Arbeitgebers, genau wissen zu wollen, welche Persönlichkeitsstruktur und welches Seelenleben ein Arbeitsplatzbewerber oder ein Mitarbeiter besitzt, eine rechtswidrige Ausnutzung eines Abhängigkeitsverhältnisses und eine grobe Verletzung von grundlegenden Persönlichkeitsrechten dar. Es ist in jedem Fall fragwürdig, Bewerber nur nach vorgefertigten Mustern zu kategorisieren, wie dies in sehr vielen Tests erfolgt, erst recht ihnen Fragen nach verborgenen Ängsten oder nach dem Sexualleben zu stellen.

Und bedenken Sie stets:
Wir sind nicht auf der Welt,
um so zu sein,
wie andere uns haben wollen.

Einstiegstest

Schauen Sie sich bitte die folgenden Bilder an und lesen Sie die dazugehörige Schilderung. Eine Person (A) sagt etwas und die andere (B) antwortet darauf. Drei Antwortmöglichkeiten sind vorgegeben. Entscheiden Sie ganz spontan, welche Antwort die angesprochene Person gibt.

1. Es ist drei Uhr nachts und das Telefon hat Person B aus dem Schlaf geklingelt. Was antwortet Person B? Bitte ankreuzen.

a) »Das macht nichts. Ich habe noch nicht so fest geschlafen.«
b) »Es ist wirklich ärgerlich, auf diese Art und Weise geweckt zu werden, aber das kann schon mal passieren.«
c) »Sie sind ein Vollidiot!«

2. Ein Mann hat einen Bekannten zum Flughafen gefahren. Dabei hat er sich verfahren, sodass die Person B ihr Flugzeug verpasst hat. Was antwortet Person B?

a) »Dass Sie sich verfahren, habe ich irgendwie vorher geahnt.«
b) »Das macht gar nichts. Der nächste Flieger geht ja in vier Stunden.«
c) »Einerseits Pech. Andererseits: Wer weiß, wofür es gut ist.«

3. Person B ist bei Person A zu Besuch und hat versehentlich eine Vase nebst Blumenstrauß umgestoßen. Was antwortet Person B?

a) »Ich könnte in den Boden versinken. Kann ich das überhaupt jemals wieder gutmachen?«

b) »Scherben bringen Glück! Nur keine Aufregung!«

c) »Es tut mir wirklich leid. Es war nicht meine Absicht. Selbstverständlich komme ich für den Schaden auf.«

4. Vor einer Autoreparaturwerkstatt: eine Reklamation. Was antwortet Person B?

a) »Ich höre kein Geräusch. Da können wir jetzt auch nichts mehr für Sie tun. Sie haben sich schließlich für dieses Modell entschieden.«
b) »Ich verstehe Sie gut, auch ich bin geräuschempfindlich. Soll ich mit dem Chef gleich mal über einen Preisnachlass sprechen?«
c) »Das ist bedauerlich, aber wir werden uns noch einmal darum kümmern.«

5. Nach einer halben Stunde Anstehen vor der Kinokasse erfährt Person B, dass die Vorstellung soeben ausverkauft ist. Was antwortet Person B?

a) »Pech, aber dann kaufe ich jetzt eben eine Karte für die nächste Vorstellung.«
b) »So eine Unverschämtheit, hätten Sie das nicht eher sagen können? Dann hätte ich mich ja nicht so lange anstellen müssen!«
c) »So was kann auch nur mir passieren. Wieder ein Abend im Eimer.«

6. Im Restaurant beklagt sich der Gast über das Essen. Was antwortet der Ober?

a) »Das kann nicht sein, über diese Suppe hat sich noch niemand beschwert. Sie sind der Erste.«
b) »Tut mir leid, ich spreche sofort mit dem Koch und Sie bekommen eine neue Suppe.«
c) »Ich bedauere, dass Ihnen unsere Suppe nicht schmeckt. Darf ich Ihnen etwas anderes anbieten?«

7. Reklamation in einem Radio-Fernseh-Fachgeschäft. Was antwortet der Verkäufer?

a) »Das ist mir wirklich furchtbar unangenehm, jetzt bekommen Sie ein nagelneues Gerät.«
b) »Tut mir leid, wir versuchen noch einmal unser Bestes.«
c) »Das ist doch unmöglich. Den haben Sie bestimmt selbst kaputt gemacht.«

Sinn und Aufbau von Persönlichkeitstests

Auswertung, Aufbau, Interpretation

Bitte addieren Sie zunächst Ihre Punktzahlen. Bei Aufgabe 1 bekommen Sie für die Ankreuzung a) 0 Punkte, für b) 2 Punkte und für c) 4 Punkte. Dazu die folgende Tabelle:

Antwort		Aufgabe	
1	0	2	4
2	4	0	2
3	0	4	2
4	4	0	2
5	2	4	0
6	4	0	2
7	0	2	4

Maximal können Sie 28 Punkte erreichen, minimal 0. Ihr Ergebnis muss in jedem Fall eine gerade Zahl sein, ansonsten haben Sie einen Additions- bzw. Übertragungsfehler gemacht (und sind durch den Rechentest gefallen …).

Bitte tragen Sie Ihren Punktwert auf der folgenden Skala ein:

depressiv   angemessen   aggressiv
0 2 4 6 8 10 12 14 16 18 20 22 24 26 28

Hier waren sieben Situationen skizziert, die durch Enttäuschungen, Ärger, Schwierigkeiten, Probleme und Unannehmlichkeiten gekennzeichnet waren. Das sind Situationen und Erlebnisse, die wir alle in unserem Alltag zur Genüge kennen. Interessant ist, wie wir damit umgehen: Der eine macht seinem Ärger deutlich Luft und schimpft, der andere schluckt seinen Ärger runter und schweigt. Der eine brüllt, der andere weint. Der eine glaubt, sich dafür entschuldigen zu müssen, »dass er geboren wurde«, der andere verlangt wutschnaubend nach seinem Recht. Zwischen diesen beiden extremen Verhaltensweisen gibt es auch den sogenannten »goldenen Mittelweg«.

Was, glauben Sie, trifft auf Sie zu? Eine Extremposition, das heißt, schlagen Sie schnell mal mit der Faust auf den Tisch bzw. neigen Sie zum Magengeschwür, oder liegen Sie »in der Mitte?«

So war der Test aufgebaut

Bei den jeweiligen Situationen ging es nicht um Person B (egal ob Kellner, Aufgeweckter, Monteur etc.), sondern eigentlich um Sie. In einer durch Schwierigkeiten, Unannehmlichkeiten oder Frustration gekennzeichneten Situation mussten Sie sich zwischen drei Antwortmöglichkeiten und damit für eine Reaktionsweise entscheiden.

1. Eine der Möglichkeiten war jeweils die, seinem Ärger Luft zu machen und zu schimpfen (z. B. den nächtlichen Anrufer einen Vollidioten zu nennen: 1c; so auch 2a, 3b, 4a, 5b, 6a, 7c; diesen Ankreuzmöglichkeiten waren jeweils 4 Punkte zugeordnet).

2. Alternativ – oder besser gesagt als ein anderes Extrem – wurde die Möglichkeit angeboten, den Ärger »runterzuschlucken« bzw. »in sich reinzufressen«, teilweise auch Ärger, Wut und Enttäuschung zu leugnen (z. B. dem Anrufer zu erklären, man habe noch nicht so fest geschlafen: 1a; so auch 2b, 3a, 4b, 5c, 6b, 7a – jeweils mit 0 Punkten bewertet).

Damit ergeben sich die Eckpfeiler, die die extremen Positionen kennzeichnen, wenn es um frustrierende Situationen geht: wütende (aggressive) Reaktion auf der einen und Ärger bzw. Wut »runterschluckende« (depressive) Reaktion auf der anderen Seite.

3. Der sogenannte »goldene Mittelweg« wurde ebenfalls angeboten (z. B. wird dem nächtlichen Anrufer gesagt, dass es sich um eine ärgerliche Störung handelt, die aber schon mal passieren kann: 1b; so auch 2c, 3c, 4c, 5a, 6c, 7b – jeweils mit 2 Punkten bewertet).

Hier wurde versucht, eine halbwegs angemessene, weder zu aggressive noch zu sehr »den Ärger runterschluckende« Antwort auf die Frustration zu finden. Deutlich ist der Versuch erkennbar, konstruktiv mit der schwierigen Situation klarzukommen, ohne die Enttäuschung und die entstandenen Schwierigkeiten zu verleugnen oder zu beschönigen.

Nun zur Interpretation Ihres Punktwertes

0–8 Punkte

Sie neigen in ausgeprägter Weise dazu, Ihren Ärger runterzuschlucken bzw. ihn nicht wahrhaben zu wollen. Kennen Sie das: Magen- oder Kopfschmerzen, das ohnmächtige Gefühl, mit tränenerstickter Stimme kein Wort rauszukriegen? Das ist alles furchtbar ungesund. Bei 6 Punkten deutet sich die Tendenz an, dass Sie sich bald angemessener mit ärgerlichen Situationen auseinandersetzen können. Weiter in dieser Richtung!

10–18 Punkte

Hier liegen Sie im »goldenen Mittelbereich«. Sie scheinen in der Lage zu sein, angemessen auf Frustrationen reagieren zu können. Ganz besonders gilt das für die Punktwerte 12, 14 und 16. Sollten Sie den Punktwert 10 haben, laufen Sie Gefahr, sich dem Tal der »Runterschlucker« zu sehr zu nähern. Ebenso müssen Sie bei dem Punktwert 18 aufpassen: Achten Sie darauf, dass Sie nicht »zu viel Gas geben«, dass Ihr Temperament nicht mit Ihnen durchgeht. Ansonsten sind 14 und 16 die Positionen, mit denen Sie wahrscheinlich am besten durchs Leben kommen.

20–28 Punkte

Sie scheinen das Motto »Wer sich nicht wehrt, lebt verkehrt« zu Ihrer generellen Richtschnur gemacht zu haben. Vorsicht! Geben Sie acht, dass Sie nicht zu grob und ungerecht mit Ihrer Umwelt umgehen. Vielleicht bekommen Sie später einmal Bluthochdruck …

Spaß beiseite

Dieser kleine Einstiegstest – bitte nehmen Sie Ihr Ergebnis nicht so tierisch ernst – sollte Ihnen nur an einem konkreten Beispiel Aufbau und Interpretationsmöglichkeiten eines Persönlichkeitstests illustrieren.

Wozu ein solcher Test dienen kann? Angenommen, Sie bewerben sich auf einen Job im Außendienst einer Versicherung, wo Sie »Klinken putzen«, viele Gespräche führen müssen, bevor es endlich klappt und Sie jemandem eine Reisegepäck-Versicherung aufgeschwatzt haben. Hier könnte es sein, dass Sie bei der Bewerbung mit einem ähnlichen Test durch Ihren Arbeitgeber in spe konfrontiert werden. Dieser will einfach mithilfe dieses Tests möglichst genau herausfinden, wie Sie im Ernstfall mit den zu erwartenden Schwierigkeiten – viele Leute beispielsweise wollen gar keine Versicherung abschließen – und Enttäuschungen umgehen. Lassen Sie sich davon »fertigmachen«, oder können Sie auch noch nach dem 15. vergeblichen Gespräch weiterarbeiten, und das weder mit Tränen in den Augen noch mit einer geballten Faust in der Tasche?

Es mag für Sie nicht sofort durchschaubar sein, doch in gewisser Weise geht es bei diesem Test um Ihre Anpassungsfähigkeit. Können Sie in heiklen, Frust auslösenden Situationen angemessen reagieren, das heißt nicht gleich losplatzen, explodieren und auf die Barrikaden gehen, aber sich auch nicht sofort ganz und gar zurücknehmen, verkriechen und dafür entschuldigen, dass Sie geboren worden sind?

Den Test, von dem Sie gerade einen ganz kleinen Auszug absolviert haben, gibt es wirklich. Der sogenannte »Picture Frustration Test« des amerikanischen Psychologen Rosenzweig soll – wie geschildert – Aufschluss darüber geben, wie die getestete Person auf Frustrationen reagiert. Und er wird tatsächlich in der einen oder anderen Form von Arbeitgebern immer wieder eingesetzt. Man kann darüber spekulieren, wer auf diese Weise »ausgesiebt« werden soll – diejenigen, die zu rebellisch sind, oder die stillen »Sensibelchen«.

Allgemeine Anforderungen in Persönlichkeitstests

Im Wesentlichen geht es bei dieser Art von Tests um vier Persönlichkeitsmerkmale, die als Entscheidungskriterien für die Auswahl der Bewerber dienen:

> Emotionale Stabilität
> Kontaktfähigkeit
> Leistungsbereitschaft
> Geschlechtsspezifität

Was unter diesen vier Begriffen zu verstehen ist, soll die folgende Übersicht verdeutlichen:

Emotionale Stabilität

Man unterliegt nicht grundlos Stimmungsschwankungen, wird nicht von diffusen Ängsten und Sorgen gequält,

kennt keine Schuldgefühle,

neigt nicht zu Perfektionismus,

ist nicht launenhaft

und nur sehr selten krank,

hat keine Schwierigkeiten, sich auf seine Arbeit zu konzentrieren,

kennt keine Tagträumereien,

ist mit seinem Leben zufrieden und würde sich ein neues Leben genauso wünschen und vorstellen,

leidet nicht unter Platzangst,

plant seine Arbeit und geht ihr zügig nach,

fühlt sich selten schlecht oder elend,

ist gewöhnlich nicht nervös, sondern ausgeglichen und nach dem Aufwachen frühmorgens frisch und munter,

leidet nicht unter Schlafstörungen und kann gut einschlafen,

ist nicht wetterfühlig,

lässt sich durch Unordnung nicht stören,

leidet nicht unter Kopfschmerzen, Migräne oder Schwindelanfällen,

sorgt sich nur wenig um die eigene Gesundheit,

hat als Kind auch schon mal etwas gegen den Willen der Eltern getan,

fühlt sich den Anforderungen des Lebens gut gewachsen, zeigt Toleranz,

hat Selbstvertrauen und kennt keine Minderwertigkeitsgefühle,

handelt nicht impulsiv,

neigt nicht zu Grübeleien,

ist eher offen,

kennt keine ständig wiederkehrenden »unnützen« Gedanken,

fühlt sich nicht unverstanden, verkannt oder im Stich gelassen,

leidet nicht unter Appetitlosigkeit

usw.

Kontaktfähigkeit

Man ist von der Grundstimmung her Optimist,

fühlt sich zusammen mit vielen Menschen wohl,

trifft sich gern mit Freunden,

schließt schnell Freundschaften,

verfügt über einen großen Bekannten- und Freundeskreis,

ist aktiv, gesprächig, temperamentvoll,

geht gerne und oft aus,

glaubt, erfolgreich zu sein,

fühlt sich auch in großen Gruppen unbefangen,

ist in der Lage, in Gesellschaften aus sich herauszugehen,

sucht die Geselligkeit anderer Leute,

ergreift gewöhnlich bei neuen Bekanntschaften die Initiative,

übernimmt in Gruppen gerne eine Führungsposition,

bevorzugt gesellige Freizeitbeschäftigungen,

lässt sich leichter auf Risiken ein,

bevorzugt Berufe, die einen Kontakt zu anderen Menschen schaffen,

telefoniert lieber, als Briefe zu schreiben,

geht eher auf eine Party, als ein Buch zu lesen,

schätzt sich als schlagfertig ein und hat immer eine passende Antwort parat, erzählt auch gerne mal einen Witz,

behält selbst in kritischen Situationen, bei Problemen und Ärger die gute Laune,

hält es für wichtig, allgemein beliebt zu sein,

empfindet keine Hemmungen beim Sprechen vor größeren Gruppen

usw.

Leistungsbereitschaft

Man kann sich mit dem Lebensgrundsatz »Erst die Arbeit, dann das Vergnügen« identifizieren,

schiebt Arbeiten nicht auf,

lässt begonnene Arbeiten nicht liegen,

lässt sich bei der Arbeit nur schwer unterbrechen,

arbeitet planvoll, überlegt und organisiert,

überlegt sich vorher genau, was zu tun ist,

kann sich auf seine Arbeit leicht konzentrieren,

bereitet sich z. B. auf Prüfungen intensiv vor,

scheut einen Wettkampf nicht,

vergleicht die eigene Leistung und Fähigkeit mit der von anderen,

zeigt Ehrgeiz und verfolgt seine Ziele mit Entschlossenheit,

beneidet den Erfolg anderer,

besitzt genug Kraft, um mit eigenen Problemen fertig zu werden,

möchte gerne eine wichtige oder berühmte Persönlichkeit sein,

denkt selbst in den Ferien an die Arbeit,

zeigt sich ständig bemüht voranzukommen,

genießt seine Freizeit erst dann, wenn die Arbeit getan ist

usw.

Geschlechtsspezifität

Man ist optimistisch eingestellt,

kennt keine Angst und ist nicht schreckhaft,

auch nicht zu sentimental,

mag handfeste körperliche Tätigkeiten,

denkt nicht viel über die Liebe nach,

ist an Sport interessiert,

hat kein Interesse an Chorgesang,

hat als Kind gern mit Spielzeugwaffen gespielt,

tut ab und zu aus Spaß etwas Gefährliches,

reagiert nicht mit Übelkeit auf den Anblick von Blut,

liest lieber wissenschaftliche als belletristische Literatur,

kennt keine kalten Füße oder Hände,

interessiert sich nicht sonderlich für Tanzveranstaltungen,

ekelt sich nicht vor Schlangen und Insekten,

zieht technische Berufe musischen vor,

ist nicht besonders an einer schönen Umwelt interessiert,

empfindet Romantik eher als ein Fremdwort,

erzählt bisweilen auch mal einen unanständigen Witz

usw.

Der Merkmalsbereich Geschlechtsspezifität ist vonseiten der Tester in Personal- und Persönlichkeitsfragebögen eindeutig an gängigen männlichen Rollenklischees ausgerichtet – auch Bewerberinnen werden nach diesem dubiosen Maßstab beurteilt.

Aus den vier großen Themenbereichen Emotionale Stabilität, Kontaktfähigkeit, Leistungsbereitschaft und Geschlechtsspezifität stammen viele Persönlichkeitstestfragen. Sie zielen darauf ab, Ihren Charakter zu erforschen. Mit ein wenig Übung gelingt es Ihnen, alle nur erdenklichen Fragen in diese vier Bereiche einzuordnen.

Die gängigen Testverfahren

BIP – Bochumer Inventar zur Persönlichkeitsbeschreibung

»Während vor wenigen Jahrzehnten fachliche Qualifikationen besonders in Großunternehmen ein herausragendes Kriterium für den beruflichen Aufstieg waren, spielen heute soziale Komponenten eine zunehmend größer werdende Rolle im Kontext beruflicher Zufriedenheit und beruflichen Erfolges«, lassen uns die Testautoren des BIP (Bochumer Inventar zur berufsbezogenen Persönlichkeitsbeschreibung) gleich zu Anfang wissen und stellen fest: Ein Arbeitnehmer muss heutzutage nicht seine Persönlichkeit verkaufen, aber er muss sie nutzen, einsetzen und weiterentwickeln. Um genau dies zu unterstützen, gibt es ihren BIP. Dabei erhebt dieser Test nicht den Anspruch einer »Durchleuchtung« der Testperson, sondern bietet sich als selbstbildkompatible Beschreibung an, die Grundlage für ein weiter und tiefer gehendes Explorationsgespräch sein kann.

Vier große Untersuchungsthemen sollen die persönliche Eignungsvoraussetzung beleuchten.

Die berufliche Orientierung (Macht- und Leistungsanspruch)
(Oder: Welche beruflichen Ziele haben Sie? In welcher »Liga«, auf welcher Hierarchieebene wollen Sie spielen?)
Unterteilt nach:
> Führungsmotivation
> Gestaltungsmotivation
> Leistungsmotivation

Das Arbeitsverhalten (Arbeitsweise)
(Oder: Wie ist Ihr Arbeitsstil? Wie gehen Sie an Aufgaben heran?)
unterteilt nach:

> Handlungsorientierung
> Flexibilität
> Gewissenhaftigkeit

Die sozialen Komponenten (Sozialverhalten)

(Oder: Wie gehen Sie mit anderen um? Wie kommen Sie mit anderen klar?)
Unterteilt nach:
> Durchsetzungsfähigkeit
> Teamorientierung
> Kontaktfähigkeit
> Verträglichkeit
> Einfühlungsvermögen

Die psychische Konstitution (Seelenzustand)

(Oder: Wie normal, wie stabil, wie gesund sind Sie?)
Unterteilt nach:
> Selbstbewusstsein
> Emotionale Stabilität
> Belastbarkeit

Zusätzlich gibt es noch einige Selbsteinschätzungsfragen zu Ihrem Kontrollerleben (»*Ich bin anderen gegenüber misstrauisch*«), Ihrer Wettbewerbsorientierung (»*Mir ist es wichtig, zu den Besten zu gehören*«), Ihrer Mobilität (»*Sehr häufig beruflich unterwegs zu sein macht mir nichts aus*«) und Ihrer Freizeitorientierung (»*Müsste ich nicht mein Geld für den Lebensunterhalt verdienen, würde ich nicht so viel arbeiten*«), die in den oben genannten Themen gleich mit abgefragt werden.

1. Einschätzungsfragen zu Ihrer beruflichen (Ziel-)Orientierung

Führungsmotivation (FM)
Wären Sie gerne der Chef?

BIP – Bochumer Inventar zur Persönlichkeitsbeschreibung

Welchen Anspruch auf die Führung einer Gruppe, eines Teams von Mitarbeitern haben Sie? Würden Sie gerne »anderen sagen, wo es langgeht«? Hier soll die Bereitschaft zur Übernahme einer Leitungsfunktion mit Personalverantwortung abgefragt werden. Sind Sie bereit, in den »Handlungsspielraum« anderer aktiv einzugreifen? Haben Sie Lust auf Macht über andere oder möchten Sie damit besser nichts am Hut haben?

Ein niedriger Wert bedeutet wenig Interesse, andere anzuleiten, führen zu wollen, Anordnungen, »Befehle« zu erteilen. Ein hoher Wert wird als Bereitschaft interpretiert, Führungsaufgaben zu übernehmen, für andere liebend gerne den Leithammel, den Chef spielen zu wollen. Extrem hohe (Punkt-)Werte sind aber ebenso ein Problem wie auffällig niedrige. Einerseits könnte der Eindruck entstehen, Sie akzeptierten nur etwas, wenn es »nach Ihrer Nase« geht, wenn Sie über andere bestimmen können. Ein extrem niedriger Wert deutet andererseits darauf hin, Sie legen weniger Wert auf soziale Einflussnahme als auf fachlich anspruchsvolle Aufgaben.

Es geht um die Einschätzung folgender Aussagen:
> *Kollegen zu sagen, was getan werden muss, kann ich mir für mich gut vorstellen.* (Zustimmung = Machtanspruch)
> *Es gefällt mir, wenn ich andere beeinflussen kann.* (Machtanspruch)
> *In einer Führungsposition zu sein, reizt mich nicht besonders.* (Ablehnung = Machtanspruch)
> *Andere zu kritisieren, fällt mir nicht schwer.* (Machtanspruch)

Gestaltungsmotivation (GM)
Wie stark ist Ihr Wunsch nach aktiver Einflussnahme und Gestaltung?
Spüren Sie den starken inneren Antrieb, sich Ihre berufliche Umgebung selbst gestalten zu wollen? Damit ist weniger das Tapetenmuster gemeint als die beruflichen und sozialen Rahmenbedingungen. Ein hoher Punktwert würde hier beispielsweise signalisieren, dass Sie sich gerne aktiv und engagiert an der Veränderung Ihrer Umgebung beteiligen. Ein niedriger bedeutet, dass Sie eher auf die Kontinuität und Be-

wahrung des Bestehenden setzen, sich lieber einordnen, als alles grundsätzlich infrage zu stellen. Die eigenen Vorstellungen durchzusetzen, erkannt geglaubte Missstände zu beseitigen, etwas Neues zu gestalten sind Präferenzen, die mit einem hohen Punktwert einhergehen und ebenso gut mit hohen Werten aus den Bereichen Führungs- und Leistungsmotivation zusammenpassen.

Es geht um die Einschätzung folgender Aussagen:

> *Ich mag es, Dinge oder Prozesse so zu beeinflussen, wie ich es als richtig empfinde.*
> *Ich habe schon eine ganze Menge bewegt in meinem Leben.*
> *Bisweilen muss ich schon mal in meinem Tatendrang gebremst werden.*
> *Ich bin sicher für einige so etwas wie ein unbequemer Querdenker.*

Leistungsmotivation (LM)

Wie hoch ist Ihre Leistungsmotivation?

Wer hier auf einen hohen Punktwert kommt, signalisiert, dass er sich selbst stets etwas auferlegt, sich immer wieder etwas abfordern muss, sich permanent Höchstleistungen abringt. Mit anderen Worten: »Immer höher, schneller, weiter« scheint das rastlose Motto, wenn Sie den entsprechenden Aussagen deutlich zustimmen, im Extremfall jedoch häufige Unzufriedenheit und Ruhelosigkeit. Vielleicht fehlt es Ihnen aber auch am nötigen Drive oder Schwung und Sie sind schnell mit dem Vorhandenen, einmal Erreichten zufriedenzustellen und sammeln daher bei diesen Aussagen nicht allzu viele Punkte. Im Extrem, bei sehr wenigen Punkten, laufen Sie Gefahr, für antriebsschwach bis faul gehalten zu werden.

Es geht um die Einschätzung folgender Aussagen:

> *Für mich kommt an erster Stelle meine Arbeit.*
> *Ich bin nicht besonders ehrgeizig.* (Ablehnung = Leistungsmotivation)
> *Wegen der vielen Arbeit vernachlässige ich schon mal mein Privatleben.*
> *Es reizt mich, besonders schwierige Probleme zu lösen.*

2. Einschätzungsfragen zu Ihrem Arbeitsverhalten

Handlungsorientierung (HO)

Überlegen Sie zu viel und handeln Sie zu wenig oder umgekehrt?

Zögern und zaudern Sie, bevor Sie endlich – aber noch immer sehr bedachtsam – mit der Bearbeitung eines Problems, einer Aufgabe beginnen? Oder gehen Sie mutig entschlossen, rasch, ziel- und ergebnisorientiert vor? Wissen Sie, worauf es bei einem Job vor allem ankommt, und wählen Sie die Prioritäten richtig? Oder verzetteln Sie sich leicht, verlieren schnell den Überblick und damit auch das Ziel aus den Augen?

Bei niedrigen Werten werden Sie kaum zu Schnellschüssen neigen. Arbeiten, die ein beherztes, entschlossenes Handeln verlangen, sind Ihnen eher ein Graus. Hohe Punktzahlen signalisieren, dass Sie ein souveräner Macher sind, vielleicht ein handfester Praktiker, ein Mensch, der auch wirklich etwas tut und sich nicht nur in Ankündigungen ergeht. Zu hohe Werte verweisen auf die Gefahr, dass Sie etwas auch unter allen Umständen durchboxen …

Es geht um die Einschätzung folgender Aussagen:

> *Während andere noch nachdenken und reden, handle ich bereits.*
> *Oftmals komme ich mir bei der Bearbeitung eines Problems wie vor einem Berg vor.* (Ablehnung = Handlungsorientierung)
> *Wenn ich mir etwas tagsüber vornehme, habe ich es am Abend meistens auch erledigt.*
> *Habe ich ein klares Ziel vor Augen, verzettle ich mich auch nicht.*

Flexibilität (FL)

Wie schwer tun Sie sich mit notwendig werdender Anpassung?

Wie leicht können Sie sich neuen Gegebenheiten anpassen? Wie umständlich stellen Sie sich an, wenn unvorhergesehene Ereignisse Ihnen völlig andere Rahmen- und Arbeitsbedingungen aufgeben und ein ganz neues Verhalten erforderlich ist? Brauchen Sie ein sehr stabiles, klar geordnetes Umfeld, um sich bei der Arbeit wohlzufühlen? Oder ist genau das eher langweilig und Sie bevorzugen die Überraschung, das ständig Neue oder wenigstens den gelegentlichen Wechsel? Ein hoher Punktwert signalisiert Ihre Vorliebe für immer neue Herausforderungen, den beständigen Wandel. Ein zu hoher Wert würde aber auch bedeuten: Sie ertragen kaum die Kontinuität, die tägliche Routine ist Ihnen verhasst, Sie sind unbedingt auf permanente Abwechslung aus, langweilen sich ansonsten zu Tode. Ein niedriger Wert bedeutet etwa: Sie sind berechenbar und stabil, bevorzugen dementsprechend ein klar geordnetes Arbeitsumfeld mit Aufgaben, die, auch wenn sie zur Routine werden, Sie nicht so schnell langweilen.

Es geht um die Einschätzung folgender Aussagen:

> *Ich kann mich veränderten Gegebenheiten schnell und gut anpassen.*
> *Mir sind Aufgaben lieber, bei denen ich weiß, was auf mich zukommen kann.* (Ablehnung = Flexibilität)
> *Aufgaben, die ein sofortiges Handeln bedingen, sind für mich eine positive Herausforderung.*
> *Wenn alles seinen gewohnten Gang geht, langweile ich mich schon mal.*

Gewissenhaftigkeit (GE)

Sehen Sie sich eher als fixen Überflieger oder beinahe schon als Erbsenzähler? Arbeiten Sie lieber schnell und dafür zwangsläufig etwas oberflächlicher? Oder haben Sie die sprichwörtliche Liebe zum Detail und sind sehr präzise, dadurch bedingt aber auch ein bisschen langsamer? Sehr pointiert: Überflieger oder Erbsenzähler, besser: Pragmatiker oder Perfektionist? Das sind in etwa die Pole, um die es hier geht. Natürlich spielen auf der einen Seite die Aspekte von Sorgfalt, Genauigkeit und Zuverlässigkeit wie z. B. Termintreue eine wichtige Rolle, auf der anderen Seite Spontaneität, der »Mut zur Lücke«, das Vorantreiben und der Abschluss eines Vorhabens.

Niedrige Punktwerte sprechen eher für den weniger geduldigen, weniger am Detail orientierten, hohe Werte eher für einen besonders gründlichen, sehr verantwortungsbewussten Menschen. Zu hohe Werte könnten als Indiz für einen zwanghaften, zu niedrige für einen etwas sehr sorglosen, leichtfertigen Vertreter (»Bruder Leichtfuß«) gewertet werden.

Es geht um die Einschätzung folgender Aussagen:

> *Ich bin für sehr hohe Sorgfalt und Präzision bei der Erledigung meiner Arbeitsaufgaben bekannt.*
> *Für mich gilt: erst die Arbeit, dann das Vergnügen.*
> *Arbeiten, die ein hohes Maß an Sorgfalt und Ausdauer erfordern, liegen mir.*
> *Ich bin ziemlich perfektionistisch veranlagt.*

3. Einschätzungsfragen zu Ihrer sozialen Kompetenz

Durchsetzungsfähigkeit (DU)
Knicken Sie sehr schnell ein oder sind Sie eher etwas zu halsstarrig?
Kämpfen Sie schon mal für die Durchsetzung Ihrer Auffassung? Oder sind Sie eher schnell kompromissbereit und anpassungswillig? Über dominantes Verhalten oder Nachgiebigkeit bis hin zur Unterwürfigkeit sollen Sie hier Auskunft geben. Mit anderen Worten: Muss einfach alles nach Ihrem Willen geschehen oder lassen Sie sich eher leicht den Wind aus den Segeln nehmen und die Butter vom Brot? Gar nicht so einfach zu beantworten, denn es kommt ja immer darauf an …

Ein höherer Punktwert bedeutet: Sie wissen sich durchzusetzen, können sich Gehör verschaffen und geben nicht so schnell klein bei. Sie haben und zeigen Rückgrat. Bei einem sehr hohen Punktwert erlebt man Sie aber auch als autoritär und kompromisslos. Sehr niedrige Werte zeigen an: Sie geben eventuell zu schnell auf, wenn Sie Ihre Ideen durchsetzen sollten. Sie sind leicht zu beeinflussen und von Ihrem Anliegen abzubringen.

Es geht um die Einschätzung folgender Aussagen:

> *Ich weiß, wie ich mich durchsetzen kann.*
> *Es fällt mir auf der Arbeit leicht, andere Kollegen für meine Ideen einzunehmen.*
> *Anderen gegenüber bin ich meist etwas zu nachgiebig. (Ablehnung)*
> *Bei einem Streit haben es andere mit mir schwer.*

Teamorientierung (TO)

Was bedeutet Ihnen Autonomie, was Kooperation?

Sehen Sie sich eher als starken Einzelkämpfer oder sind Sie erfolgreicher, wenn Sie in einem Team arbeiten? Brauchen Sie andere, um etwas zu erreichen, oder kommen Sie am besten allein zum Ziel? Wie weit ist Ihre Kompromiss- und Kooperationsfähigkeit ausgebildet? Wie sehr sind Sie bereit, auf andere Rücksicht zu nehmen, sich ein- und gelegentlich unterzuordnen? Wie wichtig sind Ihnen andere bei der Lösung von Problemen? Treffen Sie Entscheidungen lieber allein oder stimmen Sie sich zu Ihrer eigenen Sicherheit lieber mit anderen ab (und gehen so ein kleineres Risiko ein, denn: auch andere haben über die Entscheidung nachgedacht …)?

Ein niedriger Wert spricht eher für eine ausgeprägtere Selbstständigkeit und Unabhängigkeit, ein hoher für die Fähigkeit zu teilen, Kooperationsbereitschaft und den Wunsch, im Team gemeinsam etwas zu bewirken.

Es geht um die Einschätzung folgender Aussagen:

> *Davon bin ich überzeugt: Gemeinsam geht es meist besser, erreicht man häufig mehr.*
> *Am besten arbeite ich allein. (Ablehnung)*
> *Ich mag es nicht, ständig alles mit andern diskutieren zu müssen. (Ablehnung)*
> *Am liebsten arbeite ich mit anderen gemeinsam an einer Aufgabe.*

Kontaktfähigkeit (KO)

Wie leicht fällt es Ihnen, auf andere zuzugehen?

Fühlen Sie so etwas wie Unsicherheit und Befangenheit in (beruflichen) Situationen, in denen Sie auf neue, Ihnen unbekannte Personen stoßen? Oder bereitet es Ihnen eher Spaß, neue Leute in und aus Ihrem Arbeitsumfeld kennenzulernen? Haben Sie ein großes Netz an wichtigen und hilfreichen Kontakten? Oder reicht Ihnen eher ein ganz kleiner Kreis an ausgewählten Unterstützern? Neigen Sie zu einem umfangreichen Erfahrungsaustausch oder tun Sie sich eher schwer mit dem aktiven Aufbau von persönlichen Beziehungen? Sicherlich alles auch eine Frage Ihres Temperamentes, ob Sie offen sind für Small Talk oder doch eher etwas zurückhaltend mit Personen, die Sie noch nicht lange genug kennen.

Ein hoher Wert spricht für eine deutliche Außenorientierung, Offenheit im Umgang mit anderen, eine spielerische Leichtigkeit in der Kontaktaufnahme und -pflege, ein niedriger Wert für das Gegenteil. Vereinfacht ausgedrückt: Zu hohe Werte würden Sie nicht für den Job des Leuchtturmwärters empfehlen, zu niedrige sicherlich nicht als Mitarbeiter an einer Hotelrezeption.

Es geht um die Einschätzung folgender Aussagen:

> *Schnell mit anderen ins Gespräch zu kommen, ist für mich kein Problem.*
> *Es fällt mir schwer, mich mit fremden Personen über etwas zu unterhalten.* (Ablehnung)
> *Wegen meiner guten Kontaktfähigkeit werde ich von anderen beneidet.*
> *Es fällt mir leicht, auf andere Menschen zuzugehen.*

Verträglichkeit (VE)

Wie freundlich wirken Sie auf andere?

Sind Sie aufgrund Ihrer liebenswürdigen Art überall beliebt und gern gesehen? Oder schätzt man Sie bestenfalls für Ihre ehrliche, unverblümte Art, anderen offen Ihre Meinung zu sagen? Kommt es Ihnen vor allem auf Harmonie und gutes Einvernehmen mit andern an? Oder scheuen Sie sich vor keiner Auseinandersetzung und sagen auch jedem ziemlich unverblümt direkt und schonungslos, was Sie von ihm denken? Mit einem hohen Punktwert erscheinen Sie als jemand, der stets freundlich und sympathisch wirkt (bzw. wirken möchte), mit einem etwas zu hohen Wert aber auch als jemand, dem es schwerfällt, unangenehme Dinge beim Namen zu nennen, und der eher einen faulen Kompromiss eingeht, als ein klares Nein oder Stopp zu riskieren. Ein niedriger Wert spricht eher für das Gegenteil. Es gibt nicht wenige berufliche Situationen, die eine etwas geringere Soziabilität von Vorteil erscheinen lassen.

Es geht um die Einschätzung folgender Aussagen:

> *Die meisten Menschen, die ich kenne, mag ich eigentlich auch gut leiden.*
> *Wer sich mit mir anlegt, wird es schnell bereuen.* (Ablehnung)
> *Wenn ich jemanden nicht mag, mache ich auch kein Hehl daraus.* (Ablehnung)
> *Ich komme nicht mit jedem gleich gut aus.*

Einfühlungsvermögen (EI)

Überschätzen Sie (nicht) Ihr Einfühlungsvermögen?
Fällt es Ihnen leicht zu erspüren, was andere denken und – noch wichtiger – was andere fühlen? Sind Sie dabei eher unbeholfen und bisweilen sogar hilflos? Verfügen Sie über ein Gespür für Stimmungen und können Sie leicht mitschwingen? Oder sind Sie weniger darauf ausgerichtet, die Befindlichkeit Ihres Gegenübers wahrzunehmen, und kommen auch so prima mit allem klar?

Mit einem sehr niedrigen Punktwert erleben Sie Situationen häufig als völlig unproblematisch, die es gar nicht sind, und staunen dann nicht schlecht, wenn plötzlich die Stimmungslage umschlägt, vielleicht sogar explodiert und man Ihnen Vorwürfe des Nichtverstehens macht. Ein hoher Wert dagegen könnte bedeuten, dass Sie mit den unterschiedlichsten und auch schwierigen Menschen selbst in heiklen Situationen sehr gut klarkommen. Aber Vorsicht: In keinem anderen Beurteilungsbereich sind die Abweichungen zwischen Selbsteinschätzung und Fremdwahrnehmung so groß wie in diesem.

Es geht um die Einschätzung folgender Aussagen:

> *Ich kann mich gut in andere Menschen hineinversetzen.*
> *In heiklen Situationen treffe ich fast immer den richtigen Ton.*
> *Wenn sich jemand in meiner Gegenwart nicht wohlfühlt, bemerke ich das ziemlich schnell.*
> *Ich bin mir oft nicht sicher, was andere von mir erwarten.* (Ablehnung)

4. Einschätzungsfragen zu Ihrer seelischen Verfassung

Selbstbewusstsein (SB)

Sind Sie wirklich so, wie Sie sich geben? Und finden Sie das auch gut so?

Machen Sie sich häufig Gedanken darüber, wie und was andere über Sie denken, wie man Sie einschätzt und was man von Ihnen hält? Sind Sie öfters in Sorge, weil Sie befürchten, andere würden Sie ablehnen, Sie nicht besonders mögen? Sie selbst wüssten auch nicht, warum man Sie gut leiden sollte, sind kein bisschen stolz auf sich und das, was Sie tun. Verbale Schlagfertigkeit ist nicht Ihre Stärke – und wenn es zu einer Meinungsverschiedenheit kommt, legen Sie so gut wie keinen Wert darauf, sich zu behaupten, geben eher um des lieben Friedens willen schnell nach. Vor versammelter Mannschaft etwas zu sagen, erklären oder vorzustellen, ist Ihnen verhasst. Sie mögen es nicht, wenn alle Augen auf Sie gerichtet sind. Sie würden bei der Bejahung dieser Fragen einen nur geringen Punktwert erzielen und damit ein deutlich unterentwickeltes Selbstbewusstsein vermitteln.

Andernfalls gilt für Sie eher: Sie glauben, alles gut im Griff zu haben, sind spontan und schlagfertig, wenn es notwendig ist, und kennen keine Hemmungen, sich mit Ihrer Meinung ordentlich Gehör zu verschaffen. Sie sind stolz auf Ihre Erfolge und können diese auch gut anderen vermitteln. Ein hohe Punktzahl dokumentiert dies, doch bei einem Extremwert folgert man, Sie seien eingebildet oder gar arrogant. Dahinter stecken aber eigentlich wieder nur Ängste …

Es geht um die (Selbst-)Einschätzung folgender Aussagen:
> *Ich gebe mich meistens so, wie ich auch wirklich bin.*
> *Ich stehe eigentlich sehr ungern im Mittelpunkt.* (Ablehnung)
> *Wenn andere mich nicht mögen, macht mich das ziemlich unsicher.* (Ablehnung)
> *Es ist mir ziemlich egal, was die Leute hinter meinem Rücken reden.*

Emotionale Stabilität (ES)

Wie schnell wirft Sie etwas aus der Bahn?

Ein niedriger Wert würde hier für häufige Stimmungsschwankungen, insbesondere Einbrüche in deutlich negativ gefärbte Stimmungslagen, stehen. Mit Herausforderungen tun Sie sich schwer, Sie fühlen sich schnell überfordert oder gestresst. Wenn Dinge nicht so laufen wie geplant, verkraften Sie Misserfolge und Niederlagen nur sehr langsam. Sie sind leicht irritierbar (bei sehr niedrigem Punktwert: sehr leicht). Aber auch bei kleineren Anlässen reagieren Sie häufig nervös, stellen sich selbst sowie »alles und jedes« infrage und neigen zu Grübeleien, die Sie dann beinahe lähmen können.

Ein höherer Punktwert lässt Sie als stabile Persönlichkeit dastehen, die gut mit Rückschlägen und Niederlagen klarkommt, persönliche Probleme kaum kennt und sich stets durch ein hohes Maß an Gelassenheit auszeichnet. Sie sehen optimistisch und positiv gestimmt in die Zukunft und kommen auch mit großen Herausforderungen gut klar.

Es geht um die Einschätzung folgender Aussagen:
> *Ich habe ziemlich gute Nerven.*
> *Ich grüble relativ häufig über persönliche Probleme.* (Ablehnung)
> *Ich kann zu Recht behaupten, dass ich ein ziemlich dickes Fell habe.*
> *Wenn mich Probleme richtig belasten, bin ich für andere ziemlich ungenießbar.* (Ablehnung)

Belastbarkeit (BL)

Wie viel Stress, wie viel Arbeitsdruck können Sie vertragen?

Kennen Sie die Grenzen Ihrer Leistungsfähigkeit? Reagieren Sie schnell mit Kopf-, Bauch-(Magen-) oder Rückenschmerzen – oder entwickeln Sie andere klassische (sogenannte psychosomatische) Symptome, wenn die Arbeitsbelastung, der Leistungsdruck zunimmt? Fühlen Sie sich schnell überfordert, erschöpft und ausgelaugt (ein niedriger Punktwert), oder beschreiben Sie sich als bemerkenswert gesund und leistungsstark (ein hoher Punktwert)? Verfügen Sie über enorme Energiereserven, aus denen Sie auch bei lang andauernden, starken Arbeitsanforderungen Ihre Kraft schöpfen? Oder geht Ihnen relativ schnell die Puste aus? Mit Ihrer Selbsteinschätzung bzw. -beschreibung geben Sie zu diesem Thema, das wohl auch sehr dicht bei der emotionalen Stabilität liegt, Auskunft.

Es geht um die Einschätzung folgender Aussagen:
> *Mich haut so schnell nichts um.*
> *Auch wenn alles gleichzeitig auf mich einströmt, bleibe ich relativ ruhig.*
> *Auf längere Sicht würde mir eine hohe Arbeitsbelastung ziemlich zu schaffen machen. (Ablehnung)*
> *Ich bleibe auch gelassen, wenn ich sehr hart arbeiten muss.*

Test zu den vier Untersuchungsthemen

Testen Sie nun, ob Sie das System der zugrunde liegenden Fragen verstanden haben. Tragen Sie den Wert ein, der Ihnen am ehesten entspricht. Addieren Sie dann Ihre Punktwerte für jedes Thema.

Ablehnung → Zustimmung
−　　　　　　　　　+
☹ ☹ ☺ ☺ ☺ ☺
0　1　2　3　4　5　oder
5　4　3　2　1　0

Minus (−) bedeutet:
totale Ablehnung, falsch, überhaupt nicht
Plus (+) bedeutet:
völlige Zustimmung, richtig, sehr viel

Schätzen Sie sich nun selbst ein:

1. Thema　　　　　　　　　　　　　　　**Ablehnung → Zustimmung**

　　　　　　　　　　　　　　　　　　　　　　−　　　　　　+

FM: Ich übernehme gerne die Verantwortung
　　　für wichtige Entscheidungen.
　　　☹ ☹ ☺ ☺ ☺ ☺
　　　0　1　2　3　4　5 ＿＿

GM: Für meine Überzeugung kämpfe ich, auch
　　　wenn ich Nachteile dafür hinnehmen muss.
　　　☹ ☹ ☺ ☺ ☺ ☺
　　　0　1　2　3　4　5 ＿＿

LM: Ich wäre nicht unglücklich, wenn nicht
　　　alle meine Potenziale ausgeschöpft würden.
　　　☹ ☹ ☺ ☺ ☺ ☺
　　　5　4　3　2　1　0 ＿＿

FM: Kollegen behaupten, ich strahle Autorität
　　　aus.
　　　☹ ☹ ☺ ☺ ☺ ☺
　　　0　1　2　3　4　5 ＿＿

GM: Läuft etwas schief, kümmere ich mich darum,
　　　auch wenn ich nicht direkt betroffen bin.
　　　☹ ☹ ☺ ☺ ☺ ☺
　　　0　1　2　3　4　5 ＿＿

LM: Ich bemühe mich immer, auch meine
　　　besten Stärken noch weiter auszubauen.
　　　☹ ☹ ☺ ☺ ☺ ☺
　　　0　1　2　3　4　5 ＿＿

FM: In einer Spezialistenrolle fühle ich mich
　　　wohler als in einer Führungsrolle.
　　　☹ ☹ ☺ ☺ ☺ ☺
　　　5　4　3　2　1　0 ＿＿

GM: Wenn etwas Neues initiiert werden muss,
　　　bin ich immer als Erster mit dabei.
　　　☹ ☹ ☺ ☺ ☺ ☺
　　　0　1　2　3　4　5 ＿＿

LM: Ich wünschte mir, mein Verdienst wäre
　　　direkt an meine Leistungen geknüpft.
　　　☹ ☹ ☺ ☺ ☺ ☺
　　　0　1　2　3　4　5 ＿＿

2. Thema

—   +

HA: Ich bin gut im Aufschieben von unange-
nehmen Dingen, die ich erledigen sollte.

☹ ☹ 😐 😐 ☺ ☺
5   4   3   2   1   0 ___

FL: Wenn ich einmal einen Plan gefasst habe,
weiche ich nur sehr ungern davon ab.

☹ ☹ 😐 😐 ☺ ☺
5   4   3   2   1   0 ___

GE: Am liebsten plane ich alles im Voraus.

☹ ☹ 😐 😐 ☺ ☺
0   1   2   3   4   5 ___

HA: Vor lauter Aufgaben weiß ich manchmal
gar nicht, wo ich anfangen soll.

☹ ☹ 😐 😐 ☺ ☺
5   4   3   2   1   0 ___

FL: Wenn Arbeiten sich anders entwickeln als
erwartet, komme ich nur schlecht damit klar.

☹ ☹ 😐 😐 ☺ ☺
5   4   3   2   1   0 ___

GE: Ich bin alles andere, nur nicht perfektionistisch veranlagt.

☹ ☹ 😐 😐 ☺ ☺
5   4   3   2   1   0 ___

HA: Wenn ich etwas entschieden habe,
setze ich es auch meist sofort um.

☹ ☹ 😐 😐 ☺ ☺
0   1   2   3   4   5 ___

FL: Ich kann mich ziemlich schnell auf
neue Anforderungen einstellen.

☹ ☹ 😐 😐 ☺ ☺
0   1   2   3   4   5 ___

GE: Meine Unterlagen sind meist nicht so
ordentlich abgelegt, dass ich alles sofort
finde.

☹ ☹ 😐 😐 ☺ ☺
5   4   3   2   1   0 ___

Ablehnung → Zustimmung

− +

DU: Ich lasse mir so schnell nichts gefallen.

☹ ☹ 🙂 🙂 😊 😊
0 1 2 3 4 5 __

TO: Kollegen sagen von mir, ich sei der
geborene Einzelkämpfer.

☹ ☹ 🙂 🙂 😊 😊
5 4 3 2 1 0 __

KO: Wenn ich mit Menschen zusammen bin, die
ich nicht kenne, fühle ich mich angespannt.

☹ ☹ 🙂 🙂 😊 😊
5 4 3 2 1 0 __

VE: Im Umgang mit anderen bin ich eher
rücksichtsvoll.

☹ ☹ 🙂 🙂 😊 😊
0 1 2 3 4 5 __

EI: Auf Veränderungen in der Gesprächs-
atmosphäre reagiere ich sensibel.

☹ ☹ 🙂 🙂 😊 😊
0 1 2 3 4 5 __

DU: Kollegen von mir sagen, ich würde häufig
versuchen, meinen Kopf durchzusetzen.

☹ ☹ 🙂 🙂 😊 😊
0 1 2 3 4 5 __

TO: Ich arbeite lieber Hand in Hand mit
anderen als alleine vor mich hin.

☹ ☹ 🙂 🙂 😊 😊
0 1 2 3 4 5 __

KO: Ich bin ein ziemlich geselliger Mensch.

☹ ☹ 🙂 🙂 😊 😊
0 1 2 3 4 5 __

VE: Kollegen halten mich häufig für ziemlich
kühl und berechnend.

☹ ☹ 🙂 🙂 😊 😊
5 4 3 2 1 0 __

EI: Auch zu schwierigen Personen finde ich
häufig einen guten Draht.

☹ ☹ 🙂 🙂 😊 😊
0 1 2 3 4 5 __

DU: Andere von etwas zu überzeugen,
fällt mir vergleichsweise schwer.

☹ ☹ 🙂 🙂 😊 😊
5 4 3 2 1 0 __

TO: In der Zusammenarbeit mit anderen kann
ich meine Stärken noch besser entfalten.

☹ ☹ 🙂 🙂 😊 😊
0 1 2 3 4 5 __

KO: Ich verfüge über ein großes Netzwerk
an beruflichen Kontakten.

☹ ☹ 🙂 🙂 😊 😊
0 1 2 3 4 5 __

VE: Wenn mein Verhalten nicht gut ankommt,
versuche ich mich besser anzupassen.

☹ ☹ 🙂 🙂 😊 😊
0 1 2 3 4 5 __

EI: Ich kann mich nicht so gut und schnell
auf andere Menschen einstellen.

☹ ☹ 🙂 🙂 😊 😊
5 4 3 2 1 0 __

	Ablehnung → Zustimmung					
	−				+	

BL: Starke Belastungen verkrafte ich besser
als andere.

☹ ☹ 😐 😐 ☺ ☺
O   1   2   3   4   5   __

ES: Ich erlebe mich eigentlich fast nie mutlos.

☹ ☹ 😐 😐 ☺ ☺
O   1   2   3   4   5   __

SB: Wenn es Probleme mit Kollegen gibt,
kann ich das relativ gut aushalten.

☹ ☹ 😐 😐 ☺ ☺
O   1   2   3   4   5   __

BL: Auch mal ohne Pause durchzuarbeiten,
macht mir weniger aus als anderen.

☹ ☹ 😐 😐 ☺ ☺
O   1   2   3   4   5   __

ES: Wenn mir etwas mal nicht so richtig gelingt,
macht mir das noch lange zu schaffen.

☹ ☹ 😐 😐 ☺ ☺
5   4   3   2   1   O   __

SB: Ich bin ziemlich selbstbewusst.

☹ ☹ 😐 😐 ☺ ☺
O   1   2   3   4   5   __

BL: Wenn ich unter Druck gerate, reagiere ich
schnell gereizt.

☹ ☹ 😐 😐 ☺ ☺
5   4   3   2   1   O   __

ES: Ängste kenne ich bei mir eigentlich nicht.

☹ ☹ 😐 😐 ☺ ☺
O   1   2   3   4   5   __

SB: Wenn ich vor einer größeren Gruppe von
Personen reden muss, bin ich sehr nervös.

☹ ☹ 😐 😐 ☺ ☺
5   4   3   2   1   O   __

Testauswertung

1. Thema   Überprüfungsobjekt: berufliche Zielorientierung
Insgesamt: 45 Punkte; ab 35 = alles prima; um 28 = noch okay; unter 20 = gefährdet bis sehr problematisch (unter 12); über 42 = verdächtig, zu extrem

2. Thema   Überprüfungsobjekt: Arbeitsverhalten
Insgesamt: 45 Punkte; ab 35 = alles prima; um 28 = noch okay; unter 20 = gefährdet bis sehr problematisch (unter 12); über 42 = verdächtig, zu extrem

3. Thema   Überprüfungsobjekt: soziale Kompetenz
Insgesamt: 75 Punkte; ab 55 = alles prima; um 40 = noch okay; unter 30 = gefährdet bis sehr problematisch (unter 18); ab 70 = verdächtig, zu viel des Guten

4. Thema   Überprüfungsobjekt: seelische Verfassung
Insgesamt: 45 Punkte; ab 35 = alles prima; um 28 = noch okay; unter 20 = gefährdet bis sehr problematisch (unter 12); über 42 = zu viel des Guten, Vorsicht!

16 PF – Persönlichkeitsmerkmale im Test

Ihr möglicher neuer Arbeitgeber will Sie kennenlernen. Dies gilt sicherlich auch in umgekehrter Richtung, Sie wollen aus der Bewerbungssituation Informationen über Ihren potenziellen »Brötchengeber« mitnehmen. Nur die Methoden, die Mittel, die dem Arbeitgeber und Ihnen als Bewerber zur Verfügung stehen, sind recht ungleich verteilt. Dabei erfreuen sich die sogenannten Persönlichkeitstestverfahren auf Arbeitgeberseite immer größerer Beliebtheit und werden als Selektionsinstrument bewusst und zielgerichtet gegen die Bewerber eingesetzt.

Bereits die Art, wie Sie die Tür öffnen, um in das Sekretariat, ins Vorzimmer zu kommen, ist Bestandteil des Testverfahrens. Wie Sie Platz nehmen, ob Sie rauchen, ob Sie Kaffee trinken, wie Sie sprechen, wie Sie sitzen, alles fließt in das Persönlichkeitstestverfahren ein. Es soll Firmen geben, die ganz gezielt eine Anzahl von Bewerbern in einem Warteraum bis zu einer Stunde und länger warten lassen, um diese über Videokameras oder auch durch als Bewerber getarnte Mitarbeiter zu beobachten.

Persönlichkeitstestverfahren fangen also bereits in einem ganz frühen Stadium und scheinbar harm- und bedeutungslos an. Dass sie dies nicht sind und dass es wichtig ist, sich mit ihnen eingehend auseinanderzusetzen, werden wir Ihnen im Folgenden beweisen. Arbeitgeber, Personalchefs etc. werden ganz besonders vorbereitet und geschult, um diese Formen der Bewerberauswahl planmäßig anwenden zu können. Was nicht bedeuten muss, dass es sich dabei um sinnvolle, effektive und vor allem legale Auswahlverfahren bzw. -methoden handelt.

Während die Interpretation Ihres Händedrucks, die Einschätzung Ihres Auftretens, der Versuch der Analyse Ihrer Körperhaltung etc. viel mit Intuition, subjektiven Sympathie- oder Antipathieempfindungen zu tun haben und vor allem eher der Trickkiste von Taschenpsychologen entspringen, sind die im Folgenden vorgestellten klassischen Persönlichkeitstests, der 16 PF und der FPI, wissenschaftlich entwickelte Testverfahren. Diese werden im klinischen Bereich, also z. B. im Krankenhaus, angewendet und lassen hier sehr wohl eine gewichtige Aussage über die Getesteten, in der Regel Probanden oder Patienten, zu. Werden sie von Personalchefs im Berufsleben eingesetzt, um bei der Bewerberauswahl die Qual der Wahl aus Arbeitgebersicht zu erleichtern, so ist dies juristisch unzulässig.

Wo aber kein Kläger ist, ist bekanntlich auch kein Beklagter, und so wird diese inhumane, gefährliche Testwaffe immer häufiger verwendet. Hier gilt es für den Bewerber, das psychische Verletzungsrisiko zu erkennen und sich frühzeitig das Rüstzeug zum Entschärfen dieser Tests anzueignen. Dazu gehört es, sich mit den Verfahren im Einzelnen vertraut zu machen. Wer weiß, auf welchen Persönlichkeitskonzepten diese Tests basieren, was der Hintergrund der Fragen ist und wie diese einzuschätzen sind, der ist ihnen bei Weitem nicht mehr so hilflos ausgeliefert.

Bis ins letzte Detail ausgeklügelte Ankreuzempfehlungen kann es dabei nicht geben. Die Persönlichkeitsmerkmale, die ein Arbeitgeber beispielsweise von einer Stewardess erwartet, sind naturgemäß andere als die einem Manager auf der mittleren Verantwortungsebene zugeschriebenen.

Die Persönlichkeitsmerkmale im hier vorgestellten Persönlichkeitstestverfahren können an sich, richtig angewandt und eingesetzt, in einer besonderen, durch Vertrauen geprägten Beziehung zwischen Therapeut und Patient sinnvoll und hilfreich sein. Sie gehören jedoch ausschließlich in den klinischen Bereich, wo sie die Aufgabe haben, dem Therapeuten die Hilfe, die der Klient bzw. Patient von ihm erwartet, noch gezielter und schneller zu ermöglichen. So verwandt, helfen sie dem Getesteten, der sich ihnen im Gegensatz zur Bewerbungssituation nicht zwangsweise, sondern völlig freiwillig unterzieht.

Im Berufsleben werden diese Tests mit der Intention eingesetzt, allein dem Arbeitgeber oder Personalchef bei der Auswahl zu helfen. Die besondere Zwangslage, in der sich ein Arbeitsplatzbewerber befindet, lässt eine Testverweigerung nicht zu, denn was das für seine Chancen auf den erstrebten Arbeitsplatz bedeuten würde, kann sich jeder ausmalen.

Deshalb ist es wichtig zu wissen: Zu den Rechten des Bewerbers gehört, dass er auf unzulässige Fragen eine unzutreffende Antwort geben darf. Das Bundesarbeitsgericht hat in Anerkennung der Notwehrsituation dem Bewerber ein Recht auf Lüge zuerkannt. Wenn also der Bewerber zur Wahrung seiner Chancen unzulässige Fragen falsch – das heißt entgegen der Tatsachenlage im Sinne des vom Interviewer erkennbar angestrebten Ergebnisses – beantwortet, kann der Arbeitgeber bei der Aufdeckung einer entsprechenden »Falschaussage« daraus rechtlich keine Konsequenzen ziehen [1].

Der 16-PF-Test reduziert den Menschen auf 16 konträre Persönlichkeitsmerkmale:

> Sachinteresse – Kontaktinteresse
> Konkretes Denkvermögen – Abstraktes Denkvermögen
> Emotionale Labilität – Emotionale Stabilität
> Soziale Anpassung – Dominanzstreben
> Besonnenheit – Begeisterungsvermögen
> Flexibilität – Pflichtbewusstsein
> Zurückhaltung – Selbstsicherheit
> Robustheit – Sensibilität
> Vertrauen – Misstrauen
> Pragmatismus – Fantasie
> Offenheit – Cleverness
> Selbstvertrauen – Besorgtheit
> Sicherheitsdenken – Veränderungsbereitschaft
> Teamfähigkeit – Einzelgängertum
> Spontaneität – Selbstkontrolle
> Ausgeglichenheit – Angespanntheit

Weiterhin werden noch fünf Zusatzfaktoren ermittelt:

> starke Normorientierung – geringe Normorientierung
> große Stresstoleranz – geringe Stresstoleranz
> große Autonomie – geringe Autonomie
> große Entscheidungsfreudigkeit – geringe Entscheidungsfreudigkeit
> starker Kontaktwunsch – geringer Kontaktwunsch

Nun etwas ausführlicher:

Merkmale	in den Dimensionen	überprüft durch Aussagen wie
1. Sachbezogenheit gegenüber Kontaktorientierung	von eher kühl und reserviert bis aufgeschlossen und warmherzig	Ich wäre lieber: a) Förster b) weiß nicht c) Lehrer
2. Konkretes, eher langsames Denken gegenüber abstraktem und logischem Denkvermögen	von weniger intelligent bis deutlich intelligent	Wenn der Himmel »unten« ist und der Winter »heiß«, dann ist auch ein Verbrecher a) ein Heiliger b) eine Wolke c) ein Gangster
3. Emotionale Störanfälligkeit gegenüber emotionaler Stabilität	von sich leicht beunruhigen lassen bis stabil und gelassen bleiben	Wenn ich zu Bett gehe, schlafe ich a) nur schwer ein b) teils-teils c) sehr schnell ein

Merkmale	in den Dimensionen	überprüft durch Aussagen wie
4. Soziale Anpassung und Unterwürfigkeit gegenüber Selbstbehauptung und Dominanz	von sich anpassen und sich unterordnen bis selbstbewusst und unnachgiebig auftreten	Wenn ich in einem Kaufhaus von einer Verkäuferin nicht so bedient werde, wie ich es mir wünsche, gehe ich ohne Zögern zum Abteilungsleiter. a) stimmt b) teils-teils c) stimmt nicht
5. Ausdrucksarmut und Besonnenheit gegenüber Begeisterungsfähigkeit	von ernsthaft und nachdenklich bis schnell, wach, enthusiastisch, sorglos	Ich kenne bei mir ein starkes Verlangen nach aufregenden und spannenden Erlebnissen. a) stimmt b) teils-teils c) stimmt nicht
6. Flexibilität oder auch Über-Ich, (Gewissens-) Schwäche gegenüber Pflichtbewusstsein, starkem, kontrollierendem Gewissen	von ungezwungen, unordentlich bis ordnungsliebend, gewissenhaft	Wenn ich mit einer schweren Erkältung im Bett liege, erlebe ich dies a) als eine Art Urlaub b) teils-teils c) macht mich das besorgt, weil ich nicht arbeiten kann

Merkmale	in den Dimensionen	überprüft durch Aussagen wie
7. Zurückhaltung und soziale Scheu gegenüber Initiative und Selbstsicherheit	von gehemmt, zurückhaltend und vorsichtig bis aktiv, ungehemmt, sorglos	Bei gesellschaftlichen Anlässen mich unter die Leute zu mischen, fällt mir a) leicht b) teils-teils c) schwer
8. Grobschlächtigkeit und Robustheit gegenüber Feinfühligkeit, Sensibilität	von realistisch, rücksichtslos bis intuitiv, sensibel	Die Schönheit eines Gedichts bewundere ich mehr als die präzise Verarbeitung eines Gewehrs. a) stimmt b) unsicher c) stimmt nicht
9. Vertrauensbereitschaft und Vertrauensseligkeit gegenüber Argwohn und skeptischer Haltung	von vertrauensvoll, tolerant, vergebend bis skeptisch, kritische Haltung bewahrend, offen misstrauisch	Angst vor Strafe hält die meisten Menschen davon ab, sich kriminell zu betätigen. a) stimmt b) teils-teils c) stimmt nicht
10. Nüchternheit, Pragmatismus gegenüber Unbekümmertheit und Unkonventionalität	von konventionell und bedacht, das Richtige zu tun, über Zweckmäßigkeit bis zur Bereitschaft, vom Üblichen abzugehen, unbekümmert, was andere davon halten	Meine Devise: a) anfangen und probieren, es wird schon schiefgehen b) teils-teils c) erst einmal nachdenken, sich bloß nicht lächerlich machen

Merkmale	in den Dimensionen	überprüft durch Aussagen wie
11. Unbefangenheit und Offenheit gegenüber Überlegtheit und Scharfsinn	von natürlich, unkompliziert und direkt bis überlegt, diplomatisch, kultiviert, berechnend, ausgekocht	Die nationale Verteidigungsmacht zu stärken, halte ich für klüger, als sich nur auf die internationale Verständigungsbereitschaft zu verlassen. a) stimmt b) teils-teils c) stimmt nicht
12. Zuversicht und Selbstvertrauen gegenüber Besorgtheit	von unbekümmert und schwer zu beeindrucken bis sorgenvoll und leicht zu entmutigen	Wenn ich mir Gedanken über einen unglücklichen Vorfall mache, schlafe ich schwerer ein. a) selten b) gelegentlich c) oft
13. Konservative Haltung und Sicherheitsinteresse gegenüber Veränderungsbereitschaft bis hin zum Radikalismus	von Beständigkeit und Risikovermeidung bis hin zur Bereitschaft zu widersprechen, zu verändern, Risiken einzugehen	Über die Möglichkeiten, wie man unsere Welt verändern müsste, damit sie besser funktioniert, denke ich gerne nach. a) stimmt b) teils-teils c) stimmt nicht
14. Gruppenabhängigkeit gegenüber Eigenständigkeit	von konform und bereit, sich anderen anzuschließen, bis hin zu Einzelgängertum, eigenbrötlerischem Verhalten	Mein Bürozimmer möchte ich mit niemandem teilen. a) stimmt b) unsicher c) stimmt nicht

Merkmale	in den Dimensionen	überprüft durch Aussagen wie
15. Mangel an Willenskontrolle, Spontaneität gegenüber Selbstkontrolle	von spontan, unbeherrscht bis diszipliniert, zielstrebig, zwanghaft	Viele Menschen denken, dass meine Ansichten über Politik und Gesellschaft a) etwas außergewöhnlich sind b) teils-teils c) sehr vernünftig sind
16. Innere Ruhe und Ausgeglichenheit gegenüber Angespanntheit	von locker, entspannt bis ehrgeizig, nervös, gefrustet	Bei einem Test oder einer Prüfung bin ich vorher a) angespannt b) teils-teils c) ganz gelassen

Auswertung

Im Einzelnen verstehen die 16-PF-Testautoren unter *Sachinteresse* gegenüber *Kontaktinteresse,*

> wenn man sich bei gleicher Arbeitszeit und gleichem Lohn eher für den Beruf des Zimmermanns oder Kochs als für den des Kellners entscheiden würde.
> wenn man lieber Chemiker in der Forschung wäre als Geschäftsführer in einem Hotel.
> wenn man lieber Mitglied in einem Fotoklub wäre als in einer Diskussionsgruppe.

Kontaktinteresse signalisiert, wer mit Leuten redet, damit diese sich wohlfühlen, und lieber Versicherungsagent ist als Landwirt.

Abstraktes gegenüber *konkretem Denkvermögen* beweist, wer begreift, dass sich Hund zu Knochen wie Kuh zu Gras verhält, heiß zu warm wie Berg zu Hügel und Flamme zu Hitze wie Rose zu Duft. Konkret und eher langsam ist, wer nicht darauf kommt, dass folgende Relation gilt: Besser verhält sich zu am schlechtesten wie langsamer zu am schnellsten.

Emotionale Stabilität zeichnet sich gegenüber *Labilität* dadurch aus, dass man …

> selbst gesteckte Ziele im Privatleben erreicht.
> bei beruflichen und privaten Entscheidungen nie auf mangelndes Verständnis vonseiten der Familie stößt.
> sich immer den Anforderungen des Lebens gewachsen fühlt.
> nie Sachen macht, die schiefgehen.

Als emotional labil gilt, wer sich ein sichereres Leben wünscht, das mit weniger Schwierigkeiten aufwartet, oder wer gar sein Leben, wenn er es noch einmal zu leben hätte, anders planen würde.

Eher *Dominanzstreben* und *Selbstbehauptung* gegenüber *sozialer Anpassung* bis *Unterwürfigkeit* zeigt, wer …

> in einer fremden Stadt geht, wohin es ihm beliebt.
> glaubt, dass es ihm besser als anderen gelingt, Herausforderungen mutig zu begegnen.
> spöttische Bemerkungen macht, wenn er glaubt, dass andere Leute sie verdient haben.

Sozial angepasst ist jemand, der sich in einer Stadt verläuft und dann seinem Begleiter ohne zu murren folgt, obwohl er davon überzeugt ist, dass dieser den Weg auch nicht sicher weiß.

Wer öfter als einmal die Woche ausgeht, zeigt *Begeisterungsfähigkeit,* wer dagegen keinen Spaß dabei empfindet, Gäste einzuladen und sie zu unterhalten, zeigt *Besonnenheit,* die aber eher negativ interpretiert wird. Begeisterungsfähigkeit beinhaltet, einen Urlaub zu wählen, in dem viel unternommen wird, statt sich richtig zu entspannen.

Wer *Pflichtbewusstsein* demonstrieren will, fühlt sich von unordentlichen Menschen abgestoßen und ärgert sich über sie. Ein unaufgeräumtes Zimmer stört ihn, und er besteht darauf, dass moralische Vorgaben befolgt werden. Wer zu Hause ist, über Zeit verfügt und nichts Bestimmtes macht, außer sich zu entspannen, zeigt *Flexibilität.* Wer keine starke Abneigung gegen Unordnung empfindet, ebenso.

Selbstsicher wirkt, wer nicht verlegen reagiert, wenn er plötzlich zum Mittelpunkt der Aufmerksamkeit wird, und keine Mühe hat, mit Fremden ins Gespräch zu kommen. *Zurückhaltung* und *Schüchternheit* zeichnen denjenigen aus, der mit Fremden in öffentlichen Verkehrsmitteln nicht leicht ins Gespräch kommt oder sich Schwierigkeiten vorstellen könnte, wenn er vor fremdem Publikum eine Rede zu halten hätte.

Robustheit gegenüber *Sensibilität* ist dadurch charakterisiert, dass man im Fernsehen lieber eine nützliche und informative Sendung über neue Erfindungen anschaut als über einen bekannten Konzertkünstler. Auch einen Oberst halten die Testerfinder für robust im Gegensatz zu einem Bischof, der für Sensibilität steht. Wer gern elektrische Geräte repariert, ist also im Sinne des Tests robust, vielleicht sogar grobschlächtig, ein Kinderbuchautor dagegen intuitiv bis sensibel.

Wer nicht gut mit eingebildeten Leuten auskommt, vor allem wenn sie prahlen, zeigt *Misstrauen.* Wer die Aufrichtigkeit von Menschen bezweifelt, die freundlicher sind, als man erwarten könnte, ebenso. Wenn jemand das in ihn gesetzte Vertrauen enttäuscht, hat man keinen Grund, böse auf ihn zu sein – es sei denn, man möchte als misstrauisch eingestuft werden. *Vertrauen* zeigt, wer glaubt, dass niemand es wirklich gern sehen würde, wenn man in Schwierigkeiten gerät. Wer sich nichts daraus macht, wenn man heimlich schlecht über ihn redet, demonstriert ebenfalls sehr viel Vertrauensseligkeit.

Fantasie hat, wer gerne bei einer Zeitung Kritiken über Dramen, Konzerte oder Opern schreiben würde oder sich vorstellen könnte, als Bewährungshelfer mit Haftentlassenen zu arbeiten. Wer aber glaubt, dass es für einen Mann wichtiger ist, ein gutes Familieneinkommen zu sichern, als sich Gedanken über den Sinn des Lebens zu machen, beweist *Nüchternheit bzw. Pragmatismus*. Wer Freunde mag, die tüchtig sind und praktische Interessen haben, statt sich ernsthafte Gedanken über ihre Lebenseinstellung zu machen, bekommt wieder einen Punkt auf der Pragmatismus-Skala. Zeitungsberichte über alltägliche Gefahren und Unfälle fesseln die Aufmerksamkeit eines Pragmatikers.

Offenheit signalisiert, wer lieber mit höflichen Menschen verkehrt als mit ungeschliffenen Personen. *Clever* ist derjenige, für den das Leben eines Tierarztes, der Tiere behandelt und operiert, nicht unbedingt erstrebenswert ist. Wer Scherze über den Tod geschmacklos findet, zählt ebenfalls zu den Cleveren, meinen die 16-PFler. Wer sich nicht bemüht, über Witze leise zu lachen, gehört zu den Offenen und Unbefangenen, die natürlich, unkompliziert und direkt sind. Wer nicht glaubt, mehr Glück als andere Menschen zu haben, ist schlau und zeigt Überlegtheit, besonders dann, wenn er immer Dinge tun kann, die ihm Spaß machen.

Durch *Selbstvertrauen* zeichnet sich aus, wer sich nicht entmutigt fühlt, auch wenn er von anderen kritisiert wird. Ebenso der, der nicht übergewissenhaft ist und sich keine Gedanken über zurückliegende Handlungen oder Fehler macht. *Besorgtheit* offenbart derjenige, der sich fürchtet, etwas falsch gemacht zu haben, wenn er zu seinem Chef oder Lehrer gerufen wird. Wer meint, dass seine Freunde ihn nicht so sehr brauchen wie er sie, macht auf die Tester ebenfalls einen besorgten Eindruck.

Sicherheitsdenken äußert sich in Statements wie:

> Die Welt braucht mehr beständige und verlässliche Bürger.
> Besser einen Arbeitsplatz mit festem und sicherem Gehalt.
> Lieber sich auf bewährte Methoden verlassen.
> Besser Hausmannskost als ausländische Speisen.

Veränderungsbereitschaft dokumentiert, wer …

> auch als Jugendlicher bei seiner Meinung blieb, selbst wenn diese anders war als die der Eltern.
> gerne über Möglichkeiten nachdenkt, wie sich die Welt verändern müsste.
> oft Menschen und deren Ansichten widerspricht.

Einzelgängertum zeichnet sich dadurch aus, dass man …

> lieber etwas alleine aufbaut als mit anderen zusammen.
> lieber Pläne alleine schmiedet.
> lieber und leichter etwas lernt durch das Lesen eines Sachbuches als durch Unterricht.
> Bücher unterhaltsamer findet als Menschen.

Teamfähigkeit wird belegt durch:

> Freude an gemeinschaftlichen Unternehmungen.
> Die Wahl, einen freien Abend gemeinsam mit Freunden bei einem Hobby zu verbringen.
> Die Entscheidung, eigene Probleme mit anderen zu besprechen.

Selbstkontrolle manifestiert sich darin, dass man alles plant und die Dinge nicht dem Zufall überlässt, dass man beim Ausgehen, Essen und Arbeiten überlegt und systematisch vorgeht (Wie isst man »überlegt und systematisch«???). Wer beim Ausgehen, Essen, Arbeiten gern von einer Sache zur anderen wechselt, neigt zu *Spontaneität* (von den Kartoffeln zum Fleisch und zum Gemüse, ein Häppchen hier, ein Häppchen da …). Selbstkontrolliert ist, wer sich nicht ablenken lässt und Einzelheiten nicht vergisst. Das gegenteilige Verhalten spricht angeblich dann für Spontaneität.

Angespannt wirkt, wer sich über verhältnismäßig kleine Rückschläge manchmal mehr als notwendig aufregt oder sich oft zu schnell über andere ärgert. Wer vor einem Test oder einer Prüfung gelassen bleiben kann, zeigt *Ausgeglichenheit*. Auch wer seine Gefühlsäußerungen immer genau zu beherrschen weiß und sich für weniger reizbar hält als die meisten Menschen, dokumentiert Ausgeglichenheit.

Machen Sie sich mit dem Testverfahren vertraut. Dann vermeiden Sie böse Überraschungen im Ernstfall.

Vergleichen Sie, welche Merkmale auf Sie zutreffen und welche den Oberbegriffen zugeordnet sind, die dem Klischeebild Ihres Wunschberufes entsprechen.

Kreuzen Sie entsprechend sinnvoll die Aussagen dieses Persönlichkeitstests an.

Nicht vergessen: Im Notfall, wenn die Fragen zu weit gehen, haben Sie das Recht, das anzukreuzen, von dem Sie annehmen, es würde den Auswertern am besten gefallen und Ihre Chancen erhöhen, den Job zu bekommen.

FPI – Freiburger Persönlichkeitsinventar

Nach den Angaben der Testautoren ist dieser Test lediglich für klinische Zwecke – also Beratungs- oder Therapiesituationen – entwickelt worden. Diese Tatsache kann Personalerforscher jedoch nicht davon abhalten, das Testverfahren auch Bewerbern zuzumuten.

Im Ein- und Anleitungsteil wird der »Ankreuzer« mit den Hinweisen eingestimmt: »Auf den folgenden Seiten finden Sie eine Reihe von Aussagen über bestimmte Interessen, Einstellungen und Verhaltensweisen. Jede einzelne können Sie entweder mit ›stimmt‹ oder ›stimmt nicht‹ beantworten. Bedenken Sie: Es gibt keine richtigen oder falschen Antworten, weil jeder Mensch das Recht zu eigenen Anschauungen hat. Antworten Sie in dem Sinne, wie es für Sie zutrifft. Dabei überlegen Sie bitte nicht, welche Antwort den besten Eindruck machen könnte.«

Gleich zu Beginn erwartet Sie die clevere suggestive Testaussage: Ich habe die Anleitung zu diesem Test gelesen und bin jetzt bereit, jeden Satz ganz offen zu beantworten (stimmt/stimmt nicht).

Was soll geprüft werden? Es geht um zwölf Persönlichkeitsmerkmale, die in der langen Testversion mit etwa 210 Testaussagen und in einer kürzeren mit gut der Hälfte abgetestet werden:

> Nervosität
> Aggressivität
> Depressivität
> Erregbarkeit
> Geselligkeit
> Gelassenheit
> Dominanzstreben
> Gehemmtheit
> Offenheit

Zusätzlich überprüfte Eigenschaften sind:

> Extraversion
> Emotionale Labilität
> Maskulinität

Zum Persönlichkeitsmerkmal *Nervosität* versucht der Test mit mehr als 50 Aussagen, den Bewerber anhand von typischen psychosomatischen Beschwerdemustern auszuhorchen, z. B.:

> Ich leide unter einem empfindlichen Magen.
> Manchmal verspüre ich Stiche im Brustbereich.
> Ich kenne Schwierigkeiten mit dem Ein- bzw. Durchschlafen.
> Bisweilen beginnt mein Herz unregelmäßig zu schlagen.
> Manchmal habe ich Ohrensausen oder Augenflimmern.
> Häufig sind meine Hände ausgesprochen zittrig.

Wer Aussagen zu körperlichem Unwohlsein und Krankheitssymptomen nicht konsequent mit »stimmt nicht« ankreuzt, wird in der Testauswertung schnell als »nervöser Charakter mit psychosomatischer Symptombildung« abgestempelt.

Aggressivität: Mit fast 80 Fragen soll das Aggressionspotential erfasst werden. Ein wenig Aggressivität ist sicherlich erforderlich, um nicht als »Schlaffi« dazustehen, ein Zuviel davon lässt den Bewerber jedoch schnell als unüberlegt, impulsiv und unreif erscheinen:

> Es ist schon vorgekommen, dass mich Leute so ärgerten, dass es zu einer Schlägerei kam.
> Als Kind habe ich bisweilen andere ganz gerne gequält.
> Ich habe Freude daran, Blumen zu köpfen.

Depressivität:

> Ich fühle mich selten unglücklich und bedrückt.
> Dem Leben und seinen Schwierigkeiten fühle ich mich gut gewachsen.
> Was andere Leute über mich denken könnten, beunruhigt mich.
> Häufig grübele ich, z. B. über mein bisheriges Leben. Missgestimmt, grüblerisch, unsicher und unzufrieden ist nicht die gewünschte Charaktermischung für eine erfolgreiche Bewerbung.

Erregbarkeit: Keine Dimension, die es zu sehr auszubauen gilt, wenn man nicht als Choleriker abqualifiziert werden will. Sich andererseits als unterkühlt und temperamentlos darzustellen, birgt die Gefahr, dass man als zu stumpf und wenig engagiert eingestuft wird:

> Ich fühle mich manchmal wie ein Pulverfass – kurz vor der Explosion.
> Insgesamt bin ich nicht leicht aufzuregen und eher ruhig.

Geselligkeit ist gut, wenn es um publikums- und eher verkaufsorientierte Berufe geht. Der Kontakt zum Mitmenschen steht bei vielen Firmen hoch im Kurs. Das Gegenteil davon beinhaltet die Gefahr, als weltfremder Einsiedler kategorisiert zu werden:

> Im Freundschaftenschließen bin ich eher langsam.
> Auch in Gesellschaft fühle ich mich oft alleine.
> Die Mitreisenden interessieren mich weniger als die Landschaft, wenn ich verreise.

Gelassenheit:

> Ich finde es unerträglich, wenn andere sich über mich lustig machen.
> Planung ist mir wichtiger als Handeln.

Die Bejahung dieser und ähnlicher Feststellungen lässt Sie als zögerlichen, leicht irritier- und wenig belastbaren Menschen erscheinen. Gut gelaunt und aktiv, mit Selbstvertrauen ausgestattet, durch nichts aus der Ruhe zu bringen und damit ein attraktiver Bewerber mit hohem Punktwert in puncto Gelassenheit sind Sie, wenn Sie z. B. folgende Testaussage bejahen können:

Durch eine Vielzahl von kleineren Störungen lasse ich mich nicht aus der Ruhe bringen.

Dominanzstreben:

> Wenn ein Hund nicht gehorcht, verdient er Schläge.
> Lieber mal jemandem eins auf die Nase geben, als feige sein.

Wie viel Dominanz erforderlich ist, hängt auch vom Führungsstil (kooperativ oder autoritär) des jeweiligen Unternehmens ab. Wer sich nicht wehrt, lebt verkehrt, und wer bei Konflikten kneift, gilt als Duckmäuser, auch wenn er folgende Feststellung befürwortet:

> Ehe ich mich streite, gebe ich lieber nach.

Gehemmtheit:

> Es ist mir unangenehm, wenn mir andere bei der Arbeit zugucken.
> Insgesamt gesehen bin ich wohl eher ein ängstlicher Mensch.
> In bestimmten Situationen fange ich auch mal zu stottern an.

Wer sich als zu gehemmt darstellt, wird als Führungskraft keine Chance bekommen. Gehemmtheit geht häufig mit geringem Dominanzstreben und geringer Kontaktfähigkeit einher. Als nicht gehemmt gilt, wer z. B. folgende Aussage bejahen kann:

> Bei schlechter Essensqualität beschwere ich mich im Restaurant beim Kellner oder Geschäftsführer.

Offenheit (Lügenfalle): Wer immer die Wahrheit sagt und wessen Benehmen angeblich zu Hause genauso gut ist wie in Gesellschaft, der wird schnell als Lügner überführt. Mit etwa 20 Testaussagen versucht man, sich der Ehrlichkeit des Ankreuzers zu vergewissern:

> Manchmal schiebe ich auf, was ich besser sofort tun sollte.
> Manchmal bin ich schadenfroh.
> Bisweilen gebe ich ein bisschen an.
> Gelegentlich erzähle ich auch mal eine Lüge.
> Als Kind habe ich manchmal genascht.

Wer hier nicht »stimmt« ankreuzt, verrät sich bei diesen Dann-und-wann-manchmal-bisweilen-Geständnissen als Lügner. Es gibt kleine Sünden, bei denen man sich nicht als darüber erhaben bezeichnen sollte.

Auf die oben aufgeführten zusätzlichen Persönlichkeitseigenschaften (*Extraversion* = gute Kontaktfähigkeit u. Ä.; *emotionale Labilität* = depressives Verhalten, psychosomatische Symptome; *Maskulinität* = leidenschaftlicher Jäger sein, sich prügeln können, keine weichen Knie oder Schreckhaftigkeit kennen) wurde bereits im Zusammenhang mit den Hauptfragegebieten ausführlich eingegangen.

Hier noch eine kleine Auswahl von weiteren Testfeststellungen:

> Abends gehe ich gerne aus.
> Freundschaften schließe ich nur sehr langsam.
> Wenn man mich schlägt, schlage ich nur sehr selten zurück.
> Über einen unanständigen Witz kann ich bisweilen auch lachen.
> Über die Dinge, von denen ich manchmal träume, erzähle ich anderen besser nichts.
> Innere Leere und Teilnahmslosigkeit sind Gefühle, die ich bisweilen bei mir schon erlebt habe.
> In einen Raum hineinzugehen, in dem bereits andere Leute zusammensitzen und sich unterhalten, fällt mir immer schwer.
> Oft habe ich einen trockenen Mund.
> Nicht immer sage ich die Wahrheit.
> Wenn mich eine Fliege stört, kann ich erst zufrieden sein, wenn ich sie gefangen habe.
> Fremden nie zu vertrauen, lautet mein Motto.

> Des Öfteren habe ich Blähungen.
> Bisweilen bin ich unpünktlich.
> Schreit mich jemand an, schreie ich zurück.
> Manchmal habe ich Fantasien, was meinen Widersachern alles zustoßen könnte.
> Für einen guten Zweck würde es mir leichtfallen, andere Menschen um eine Spende zu bitten.
> Manchmal muss ich mich für die Gedanken, die ich habe, schämen.
> Oft spreche ich Drohungen aus, die ich eigentlich gar nicht so ernst meine.

Machen Sie sich klar, bevor Sie die Ihnen vorgelegten Testaussagen bewerten, wie Ihr Votum interpretiert werden kann, und entscheiden Sie sich dann im Sinn Ihres Ziels eine erfolgreiche Bewerbung abgeben zu wollen.
Geben Sie ruhig kleinere Fehler und Schwächen zu. Auch Ihre »Ehrlichkeit« wird hier getestet.

MMPI –
Minnesota Multiphasic Personality Inventory

Sollte Ihnen als Bewerber der MMPI vorgelegt werden, ein Persönlichkeitstest, der sich schon durch seinen Umfang von über 560 Testfeststellungen auszeichnet, befinden Sie sich in den Händen besonders skrupelloser Testanwender und sollten daraus Ihre Konsequenzen ziehen.

Aussagen wie »Manchmal verlässt meine Seele meinen Körper«, »Wegen meines sexuellen Verhaltens hatte ich niemals Unannehmlichkeiten«, »Ich habe mir immer gewünscht, ein Mädchen zu sein« (falls Sie eines sind: »Es hat mir nie leidgetan, dass ich ein Mädchen bin«) oder »Ich habe Angst, den Verstand zu verlieren« sollen dazu dienen, sich der Persönlichkeit eines Bewerbers zu nähern. Auch hier empfehlen wir Ihnen eine Strafanzeige gegen die Anwender.

Sollten Sie sich doch dazu entschließen, Ihre Persönlichkeit auf

> Hypochondrie (Wehleidigkeit),
> Depression (Interessenlosigkeit, mangelndes Selbstvertrauen),
> Hysterie (u. a. mangelnde Belastbarkeit mit der Neigung, bei psychischen Problemen mit körperlichen Symptomen zu reagieren),
> Paranoia (Verfolgungswahn), Psychasthenie (Konzentrationsschwäche, Entscheidungsschwierigkeiten, Zwangshandlungen),
> Schizoidie (Kontaktarmut, bizarre Denkweise),
> Psychopathie (soziale Unangepasstheit),
> Hypomanie (Hektik, Unzuverlässigkeit, Sprunghaftigkeit),
> soziale Introversion (Unsicherheit, Kontaktscheue),
> Maskulinität bzw. Femininität (Abweichung vom Geschlechtsverhalten)

untersuchen zu lassen, dann überlegen Sie sich gut, wie Sie antworten.

Natürlich kann man keinem empfehlen, sich für einen »verdammten Menschen« oder für einen »Sendboten Gottes« zu halten, beides Testaussagen aus dem MMPI, die bei dieser Ankreuzung Ihren entsprechenden Geisteszustand dokumentieren. Es fängt mit ganz harmlosen Aussagen an wie:

> Ich lese gerne technische Zeitschriften (stimmt/stimmt nicht).
> Ich habe einen guten Appetit.
> Morgens wache ich meist früh schon ausgeruht auf.

Und es geht dann mit obskuren Testaussagen weiter wie:

> Manchmal bin ich von bösen Geistern besessen.
> Alles trifft so ein, wie die Propheten es in der Bibel vorausgesagt haben.
> Ich glaube, man spioniert mir nach.
> Ich glaube, jemand versucht mich zu vergiften.
> Ich glaube, dass meine Sünden nicht vergeben werden können.

Dieser Fragebogen ist eine Provokation. Es ist noch nicht lange her, da gab es einen Skandal in Niedersachsen, weil angehende Justizvollzugsbeamte und Hunderte von Häftlingen mit diesem Test untersucht wurden. Der niedersächsische Justizminister hat den Testeinsatz untersagt.

Sind auch eine ganze Reihe von Fragen so leicht durchschaubar bzw. dermaßen abstrus, dass sich eine weiter gehende Besprechung erübrigt, so gibt es einige, die speziell im Hinblick auf die Bewerberauswahl interpretiert werden können:

> Ich wäre ein guter Menschenführer, wenn man mir Gelegenheit dazu gäbe.
> Ich vertrete eine feste politische Meinung.
> Bei Wahlen stimme ich manchmal für Leute, die ich eigentlich zu wenig kenne.
> Ich wäre gern Mitglied in mehreren Vereinen.

Wer hier zustimmt, entwirft ein Bild von seiner Persönlichkeit, das positiv in Richtung Führungsqualität und Dominanzstreben interpretiert wird. Das Gegenteil erzielt man, wenn man …

> - in der Schule Schwierigkeiten hatte, vor den Klassenkameraden zu sprechen.
> - glaubt, nicht das richtige Leben geführt zu haben.
> - in der Gesellschaft oft Mühe hat, den richtigen Gesprächsstoff zu finden.
> - Konzentrationsschwierigkeiten hat.
> - meint, zu wenig Selbstvertrauen zu haben.
> - hinterher oft bereut, etwas getan zu haben.
> - sich unverstanden fühlt.
> - als Kind am meisten eine Frau bewunderte (Mama …).
> - niemandem einen Vorwurf machen möchte, der alles im Leben mitnehmen will.

Durchsetzungsfähigkeit und Selbstsicherheit gehören ebenso zu den gesuchten und gewünschten Führungsqualitäten. Wer sich …

> - wünscht, nicht so schüchtern zu sein,
> - beklagt, zu wenig Selbstvertrauen zu haben,
> - eingesteht, oft dagegen anzukämpfen, die Schüchternheit nicht zu zeigen,
> - bringt sich in die Gefahr, in den Augen der Testdeuter als unsicher, labil und gefügig zu gelten.

Kooperationsbereitschaft und eine positive Einstellung zur sozialen Umwelt deutet man an, indem man folgenden Aussagen nicht zustimmt:

> - Ich nehme mich in Acht, wenn Leute freundlicher sind, als ich es erwarte.
> - Wenn mir jemand etwas Gutes tut, frage ich mich, welche Hintergedanken derjenige haben könnte.

> Die meisten Leute schließen Freundschaften, da ihnen diese Freunde nützlich sein können.
> Die meisten Leute sind nur ehrlich, weil sie Angst vor dem Erwischtwerden haben.

Seien Sie auf der Hut bei allen Fragen, die Schuldgefühle, Unsicherheiten des eigenen Verhaltens, Schüchternheit oder Selbstkritik ansprechen. Hier droht ein Punktverlust, verbunden mit übelster Interpretation Ihres Charakters, wenn Sie arglos antworten, was Ihnen in den Sinn kommt.

Die Lügenfallen dieses Tests sind besonders raffiniert. In mehreren Analyse-Verfahren beschäftigt man sich mit der Ehrlichkeit des Beantworters. Beim MMPI sorgen dafür die sogenannten K- und L-Skalen (Korrektur- und Lügenskalen). Mit fast 50 Testaussagen versucht man, dem Beantworter ein Bein zu stellen.

Aufgepasst bei einschränkenden Formulierungen wie: »manchmal«, »dann und wann«, »ab und zu«, »gelegentlich«. Wer hier alles abstreitet, macht sich verdächtig. Bei sozial unerwünschtem, aber häufig anzutreffendem Verhalten oder bei sozial erwünschtem, aber sehr seltenem Verhalten überführt man den lügenden Beantworter. Um ehrlich zu erscheinen, sollte man eingestehen,

> manchmal wütend zu sein,
> ab und zu schlechte Laune zu haben,
> gelegentlich zu fluchen,
> nicht jeden Tag alle Leitartikel der Zeitung zu lesen,
> gelegentlich Arbeiten auf morgen zu verschieben, die heute getan werden müssten.

Zum Abschluss dieses »Horrorkapitels« der Testerei noch einige abenteuerliche Testaussagen aus dem MMPI:

> Es ist etwas mit meinen Geschlechtsorganen nicht in Ordnung.
> Manche Tiere machen mich nervös.
> Blut in meinem Urin habe ich nie festgestellt.
> Schiller war meiner Meinung nach bedeutender als Goethe.
> Ich habe Lust, in Afrika Löwen zu jagen.

Auch wenn Ihnen diese Testaussagen nicht vorgelegt werden, sondern die etwas moderateren wie:

> Vorträge über ernste Themen höre ich gern,
> ich nehme nie Medikamente ohne ärztliche Verordnung,
> Polizisten sind meiner Meinung nach gewöhnlich ehrliche Menschen, so wird die negative Grundstimmung des MMPI-Tests in der Regel gegen Sie gewertet. Diesem Test sollten Sie sich unbedingt verweigern.

Überlegen Sie genau, wie Sie die vorgelegten Feststellungen bewerten, besonders jene, die etwa Schuldgefühle oder Selbstkritik zum Thema haben.
Bei einschränkenden Aussagen, z. B. mit »manchmal«, »nicht jeder«, den Mittelweg wählen, das heißt das sozial Erwünschte (»Mainstream«) ankreuzen.
Achten Sie darauf, dass Sie konsequent bzw. plausibel antworten. Auch Ihre »Ehrlichkeit« wird getestet.

Motiv: Motivation

Von vielen Teilnehmern an Einstellungstestverfahren der Bayerischen Vereinsbank bekamen wir Berichte über einen merkwürdigen Persönlichkeitstest: Mehrere Dias mit Darstellungen von unterschiedlichen grafischen Figuren werden den Bewerbern mit der Entscheidungsaufgabe präsentiert: Welches Bild gefällt Ihnen besser?

In einer zweiten Diaserie werden – dargestellt durch ein Strichmännchen – Vorher/Nachher-Situationen gezeigt: So sieht man z. B. ein Männchen, das auf dem einen Bild einen Zaun streicht; auf dem anderen ist zu sehen, wie es den fertig gestrichenen Zaun in stolzer Pose von einem anderen Strichmännchen bewundern lässt.

Oder: Bild A zeigt ein Strichmännchen, am Schreibtisch mit vielen Papieren arbeitend, und Bild B ein zufriedenes Strichmännchen, das sich nach getaner Arbeit ausruht. Auch hier wird die gleiche Frage gestellt (Welches Bild gefällt Ihnen besser?).

Zugegeben, die genauen Auswertungskriterien dieser Vereinsbank bei dem hier beschriebenen Test sind uns nicht im Einzelnen bekannt. Wir können uns aber durchaus vorstellen, dass eine Chance, ungeschoren davonzukommen, darin besteht, sich vorsichtig und bedeckt zu verhalten und weder das eine noch das andere Extrem (also vorher = Bild A = bei der Arbeit bzw. nachher = Bild B = Situation der fertiggestellten Arbeit, Erholungs-, Bewunderungssituation) zu häufig anzukreuzen.

Nach unseren Informationen handelt es sich nicht um einen klassischen oder wissenschaftlich diskutierten Test. Und es ist zu vermuten, dass es hier um Motivation und Leistungsbereitschaft geht und dass Bewerber, die zu oft im Sinne einer sozial erwünschten Haltung entscheiden (= zu viele arbeitsorientierte Bildchen ankreuzen), sich genauso verdächtig machen wie Bewerber, die ständig Bildchen mit Bewunderungs- oder Entspannungssituationen ankreuzen.

Satzergänzungs-Tests

Eine besondere Art von Persönlichkeitstest, die häufig unter dem Deck-
mäntelchen der Kreativitätsüberprüfung präsentiert wird, ist der sogenannte Satzergänzungs-Test. Man gibt Ihnen Satzanfänge und bittet
Sie, den unvollständigen Satz nach Ihren Vorstellungen zu beenden,
z. B.:

> Ich möchte gerne …
> Ich fürchte …
> Andere Leute sind …
> Ich mag es nicht, wenn …
> Ich wollte schon immer …

Egal wie diese Sätze anfangen, ob mit einem Personalpronomen (Ich,
Wir, Es …) oder halb formuliert wie eben aufgeführt bzw. stärker aus-
formuliert wie:

> Vorgesetzte sind immer …
> An meinen Kollegen missfällt mir in der Regel, dass …
>   – es geht darum, Ihnen Gedanken, Statements, Meinungen etc. zu
> entlocken, die dann entsprechend interpretiert werden. Dass Sie
> sich eigentlich weigern sollten, dieses unseriöse Verfahren mitzu-
> machen, ist eine Empfehlung
>   – wenn auch in der Zwangssituation Bewerbung oftmals nicht rea-
> lisierbar. Auch wenn es scheinbar um andere Personen geht, wie
> z. B.:

> Karl ist immer …
> Hans fürchtete sich besonders …
> Marion mag es, wenn man …
>   – immer wieder handelt es sich dabei um Sie, das heißt, die Vervoll-
> ständigung des Satzes soll Rückschlüsse auf Ihre Persönlichkeits-
> struktur ermöglichen.

Überlegen Sie, bevor Sie die Sätze vervollständigen, wie Ihre Vorschläge interpretiert werden könnten.

Halten Sie Ihre Ergänzungen eher kurz und knapp und in jedem Fall sozial erwünscht. Keine kreativen Schreibexperimente! Bleiben Sie sachlich, vermitteln Sie den Eindruck, dass Sie sich um aufrichtige Antworten bemüht haben, und bewegen Sie sich im sozial unverfänglichen und konfliktfreien Klischee.

(Weitere Informationen zu Satzergänzungs-Tests finden Sie auf Seite 108f.)

Biografische Fragebögen

Mit der vermeintlich harmlosen Aufforderung »Wir haben hier noch einige Fragen an Sie. Bitte füllen Sie doch gleich mal unseren Personalfragebogen aus …« wird dem ahnungslosen Bewerber oft suggeriert, er sei seinem Ziel, eingestellt zu werden, einen großen Schritt näher. Neben den persönlichen Daten (Name, Adresse, Alter, Bildungsabschlüsse, Schuhgröße usw.) werden überwiegend Fragen zu folgenden Bereichen gestellt:

> Ursprungsfamilie (Größe, Ausbildung und Beruf der Eltern)
> Eigene Familie (Größe, Alter der Kinder, Ausbildung und Beruf des Partners)
> Kindheit/Jugend (elterlicher Erziehungsstil, prägende Erfahrungen)
> Schulischer Werdegang (geliebte/ungeliebte Fächer, Leistungen, Anpassung an Lehrer/Mitschüler)
> Ausbildung (Berufswahl, Ausbildungsschwerpunkte, Gründe für evtl. Fehlleistungen)
> Arbeits-/Berufserfahrung (Gründe für Arbeitsplatzwahl, besondere Kenntnisse/Fähigkeiten, Häufigkeit von Arbeitsplatzwechseln, Gründe und zeitlicher Verlauf)
> Freizeitgestaltung/Interessen (Hobbys, soziales Engagement, außerberufliche Aktivitäten)
> Selbsteinschätzung (besondere Stärken und Schwächen, Gründe für Fehl- und Rückschläge, Entwicklungs- und Verbesserungschancen)
> Lebensziele (berufliche und persönliche Ziele, auch für die Kinder, optimistische/pessimistische Zukunftseinschätzung)

Aber auch Fragen, die Sie angeblich ganz frei beantworten können – z. B. in Form eines Kurzaufsatzes –, haben es oft in sich. Dazu folgende Beispiele:

> Welche Menschen bewundern Sie am meisten (bitte Namen nennen)?
> Nennen Sie einige Ihrer Lieblingsbücher!
> Welches sind Ihrer Meinung nach die größten Missstände:
   a) in der Welt
   b) in Ihrem Land
   c) in der Stadt, in der Sie wohnen
   d) in dem Unternehmen, in dem Sie derzeit arbeiten?
> Welchen Beruf würden Sie wählen, wenn Sie ohne Rücksicht auf Gehalt und Vorbildung frei wählen könnten?
> Welches Berufsziel haben Sie sich gestellt, und was wollen Sie in zehn Jahren erreicht haben?

Recht beliebt sind auch umfangreiche Personalfragebögen, die oftmals vorab von Personalberatungsgesellschaften, aber auch von den Firmen selbst verschickt werden, die mit Großanzeigen auf ihre Stellenangebote aufmerksam machen. Dabei handelt es sich um Sammlungen mit Hunderten von Fragen oder zu bewertenden Statements, die ähnlich wie z. B. die Persönlichkeitstests 16 PF oder MMPI darauf abzielen, an Informationen über den Bewerber heranzukommen. Häufig wird dem so Ausgefragten gar nicht bewusst, dass es sich hier um einen Persönlichkeitstest handelt und er mit dem Ausfüllen ein ganz spezifisches Persönlichkeitsbild von sich preisgibt.

Hier ein Auszug aus einem Personalfragebogen, der einem Bewerber um eine Ausbildung in einem kaufmännischen Beruf vorab zugesandt wurde – 150 Fragen auf 17 Seiten.

Bei meiner Bewerbung ist mir wichtig (jeweils Ja/Nein ankreuzen):

> Sicherheit ist mir wichtiger als Arbeitsinhalte (Ja/Nein).
> Karriere ist mir wichtiger als Fachinteresse.
> Verdienst ist mir wichtiger, als selbst Ideen umsetzen zu können.
> Der Arbeitsinhalt ist mir wichtiger als der Verdienst.
> Meine Karriere ist mir wichtiger als ein gutes Arbeitsklima.

> Mein Verdienst ist mir wichtiger als die Freude an der Arbeit.
> Fachinteresse ist mir wichtiger als das Image der Firma.
> Eigene Ideen umsetzen zu können ist mir wichtiger als Karriere.
> Das Image des Arbeitgebers ist mir wichtiger als meine fachliche Weiterentwicklung.

Weiter geht es mit Fragen zu Freizeitaktivitäten (jeweils anzugeben: sehr wichtig/eher wichtig/eher unwichtig/unwichtig):

> Bücher lesen
> fernsehen
> alleine sein
> mit Freunden zusammen sein
> Sport treiben
> anderen helfen
> mit anderen Wettkämpfe austragen
> spazieren gehen
> Zeitschriften lesen
> gemeinsame Probleme mit Freunden diskutieren
> Probleme diskutieren, die Freunde haben
> mit Freunden über Probleme diskutieren, die man selbst hat

Dann wird es immer persönlicher. Unter dem Stichwort »Selbstbeschreibung« heißt es:

> Welche Art des Denkens haben Sie?
>   a) ausschließlich eher rational und logisch
>   b) meistens eher logisch
>   c) teils gefühlsbetont, teils logisch
>   d) meistens eher gefühlsbetont
>   e) ausschließlich eher gefühlsbetont

> Wenn Sie sich völlig neuen Situationen gegenübersehen, welchen Grad von Unsicherheit verspüren Sie?
>   a) sehr starke Unsicherheit

b) etwas Unsicherheit

c) teils – teils

d) eher Sicherheit als Unsicherheit

e) sehr große Sicherheit

> Wenn ich mir mal was vornehme, dann

a) gelingt es mir meistens so gut wie anderen Menschen auch.

b) führe ich die Dinge selten so gut zu Ende, wie ich es mir vorgestellt hatte.

c) bemerke ich häufig, dass ich mir einfach zu viel vorgenommen habe, und gebe schließlich auf.

d) gelingt mir das meist besser als anderen Menschen.

Es folgt eine Liste von 25 Aussagen zur Person des Bewerbers, die jeweils zu bewerten sind (stimmt/stimmt mit Einschränkungen/stimmt eher nicht/stimmt nicht). Hier einige Beispiele:

> Ich bin anpassungsfähig.
> Ich bin geduldig.
> Ich würde lieber etwas Neues erfinden, als etwas Bestehendes zu verbessern.
> Auch bei Schwierigkeiten fällt mir immer wieder etwas ein.
> Im Umgang mit Autoritäten bin ich vorsichtig.
> Ohne entsprechende Befugnisse handle ich nicht.
> Ich bevorzuge es, dass sich Veränderungen langsam vollziehen.
> In der Regel arbeite ich ruhig und gleichmäßig.
> Ich bin beständig.
> Ich bin gründlich.
> Ich passe mich bereitwillig an.
> Oft riskiere ich, eingefahrene Wege zu verlassen.
> Für Dinge, die unter meiner Kontrolle sind, setze ich mir selbst strenge Regeln.
> Mein Verhalten ist kalkulierbar.

Diese Vorab-Persönlichkeitstests in der Verkleidung eines scheinbar harmlosen Fragebogens verstoßen nicht nur gegen die guten Sitten, sondern stellen juristisch gesehen einen unzulässigen Eingriff in die per Grundgesetz geschützte Privatsphäre dar. Bei einem potenziellen Arbeitgeber, der sich Ihnen als Bewerber gleich zu Anfang auf diese Weise präsentiert, ist Vorsicht angezeigt.

> Machen Sie sich klar, dass es sich bei derartigen Biografischen Fragebögen auch um »Persönlichkeitstests« handelt.
> Überlegen Sie genau, wie Sie die einzelnen Aussagen bewerten.
> Halten Sie sich vor Augen, dass jede Angabe dazu dient, ein »Persönlichkeitsbild« von Ihnen im Sinne des potenziellen Arbeitgebers zu erstellen, das ihm die Entscheidung für Sie erleichtert.

Hier noch ein Kurzbeispiel für einen Persönlichkeitstest, wie er z. B. in einem Assessment Center (AC) gern eingesetzt wird. Der Kandidat berichtet:

Am Ende des zweiten AC-Tages bekamen wir es mit einem klassischen Persönlichkeitstest in Papier-und-Bleistift-Form zu tun. Mit etwa 190 Entscheidungsaussagen versuchte man, unser Seelenleben zu durchleuchten. Ich sollte ankreuzen, welche Behauptung/Aussage jeweils für mich zutraf, z. B.:

> Wenn man mein Vertrauen enttäuscht, dann
  a) bin ich bereit, sofort zu verzeihen
  b) teils-teils
  c) werde ich sehr böse

> Von Freunden im Stich gelassen zu werden, ist mir
  a) ziemlich häufig passiert
  b) manchmal
  c) kaum jemals passiert

> Ich fände es interessanter, in einer Fabrik verantwortlich zu sein für
  a) die Auswahl und Einstellung neuer Mitarbeiter
  b) weiß nicht
  c) für Maschinen oder die Buchhaltung

> In einem kleinen, engen Raum, z. B. in einem überfüllten Aufzug, habe ich schnell das Gefühl, eingesperrt zu sein.
  a) gelegentlich
  b) selten
  c) nie

> Ich würde mein Leben, wenn ich es noch einmal zu leben hätte,
  a) mir genauso wünschen
  b) weiß nicht
  c) ganz anders planen

> Wenn ich die Wahl hätte, wäre ich lieber
  a) ein Wissenschaftler in der Forschung
  b) teils-teils
  c) ein Manager mit vielen Besprechungen

> Ich rede mit den Leuten nur,
  a) wenn ich etwas zu sagen habe
  b) teils-teils
  c) damit die sich wohlfühlen können

> Wenn man mir freundlicher begegnet, als ich es eigentlich erwartet habe, zweifle ich an der Echtheit dieser Freundlichkeit.
  a) stimmt
  b) teils-teils
  c) stimmt nicht

> Wenn Leute eine moralisch überlegene Haltung demonstrieren, regt mich das auf.
>
>   a) nein
>   b) teils-teils
>   c) ja

Auflösung siehe S. 106–107

MBTI –
Der Myers-Briggs-Typenindikator

Bei dem sogenannten Myers-Briggs-Typenindikator (MBTI) handelt es sich um einen Persönlichkeitstest, der in der Zeit vor dem Zweiten Weltkrieg in den USA konzipiert wurde und seit Mitte der Achtzigerjahre sowohl in seinem Ursprungsland als auch in Europa wieder verstärkt zum Einsatz kommt.

Der MBTI beinhaltet über 100 Fragen zur Persönlichkeitsstruktur der Testkandidaten. Ziel dieses Testverfahrens ist es, die Getesteten in eine von 16 Persönlichkeitskategorien einzustufen, deren Basis eine Mischung aus den folgenden vier Bewertungsmaßstäben ist:

> *extrovertiert – introvertiert:* Personen mit hohem Maß an Extraversion sind durch eine seelische Einstellung gekennzeichnet, bei der die Hauptinteressen auf äußere Objekte und andere Menschen konzentriert sind. Liegt dagegen Introvertiertheit vor, sind die Personen eher nach innen gewandt, neigen dazu, Erlebnisse innerlich zu verarbeiten.
> *sinnorientiert – intuitiv:* Sinnorientierte Menschen gebrauchen zur Bewältigung des Alltags primär ihren »gesunden Menschenverstand«, sie zeichnen sich durch ein hohes Maß an Realismus und Pragmatismus aus. Personen, die dagegen eher ihrer Intuition folgen, sind durch Spontaneität und Experimentierfreudigkeit gekennzeichnet.
> *denkend – fühlend:* »Denkend« in diesem Kontext beschreibt logisches Argumentieren und Analysieren, während »fühlend« die Reflexion über die Folgen einer zu treffenden Entscheidung beinhaltet.
> *bewertend – Wahrnehmung:* Unter »bewertend« subsumieren die Testautoren Menschen, deren Handlungsweisen durch eine Mischung aus Leben und Arbeit, Kontinuität und Beherrschbarkeit ihrer Tätigkeiten bestimmt werden. »Wahrnehmende« Personen hingegen

haben eine Vorliebe für spontanere, flexiblere Lebens- und Arbeitsformen, sie lassen sich nur ungern festlegen. Auch versuchen sie, Probleme verstehen zu wollen und diese dadurch einzugrenzen.

Der Zweck dieses Testverfahrens besteht darin, einen Einblick in die Psyche eines Arbeitsuchenden oder Mitarbeiters zu bekommen und so feststellen zu können, ob der Kandidat von seiner Persönlichkeitsstruktur her dem Anforderungsprofil entspricht. Die Personalabteilung eines Unternehmens könnte so von Beginn an, z. B. bei der Zusammenstellung von Arbeitsgruppen, einen bestimmten Kandidatentyp aussuchen. Durch das Testergebnis wird die Testperson in eine der 16 Kategorien eingeordnet, die sich wie folgt zusammensetzen:

sinnorientierte Typen *sensing types*		intuitive Typen *intuitive types*		
denkend *thinking*	fühlend *feeling*	denkend *thinking*	fühlend *feeling*	
				introvertiert *introversive*
ISTJ	ISFJ	INFJ	INTJ	bewertend *judging*
ISTP	ISFP	INFP	INTP	Wahrnehmung *perception*
				extrovertiert *extroversive*
ESTP	ESFP	ENFP	ENTP	Wahrnehmung *perception*
ESTJ	ESFJ	ENFJ	ENTJ	bewertend *judging*

Die Buchstabenkombination beschreibt dabei die vorherrschenden Charaktereigenschaften – orientiert an den Anfangsbuchstaben der englischen Fachausdrücke –, wobei

> I *introversive* = introvertiert
> S *sensing* = sinnorientiert
> T *thinking* = denkend
> J *judging* = bewertend

> E *extroversive* = extrovertiert
> I *intuitive* = intuitiv
> F *feeling* = fühlend
> P *perception* = Wahrnehmung

bedeutet.

So sagt z. B. die Kombination ISTP aus, dass die Testperson vom Charakter her introvertiert, sinnorientiert, denkend und wahrnehmend ist. Das Ergebnis schließlich wird durch prozentuale Gewichtung der Einzelkomponenten noch weiter differenziert dargestellt.

In den USA (und bestimmt bald auch bei uns) erfreut sich dieser Persönlichkeitstest so hoher Beliebtheit, dass in Kontaktanzeigen oder bei der Suche nach einem WG-Mitbewohner die Inserenten bereits die gewünschten Charakterkategorien des Bewerbers in Form der vier Anfangsbuchstaben in den Anzeigentext mit aufnehmen.

Der Wartegg-Zeichentest –
Die Miniaturen des Seelenlebens

Bei diesem Test, der von dem deutschen Psychologen Ehrig Wartegg konzipiert wurde, werden den Probanden auf einem DIN-A4-Bogen acht kleine quadratische weiße Felder vorgelegt, die mit winzigen Zeichen (Punkte, Striche, Bögen, Wellenlinien) angefüllt sind.

Beispiele:

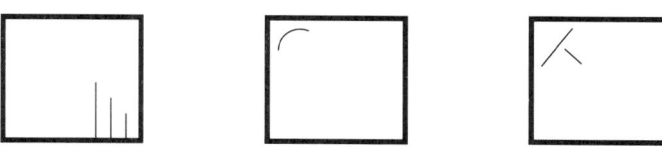

Diese Zeichen sollen nun jeweils in eine kleine Zeichnung integriert werden, sodass acht verschiedene Miniaturbilder entstehen. Die Bilder werden dann nach inhaltlichen und formalen Gesichtspunkten ausgewertet.

Aus der inhaltlichen Deutung ergeben sich drei Grundtypen von Persönlichkeiten: die Erlebnisbestimmten, die sich von Emotionen und Intuitionen leiten lassen, die Sachbestimmten, deren Handlungen eher von Vernunft und Verstand gelenkt werden, und die Integrierten, die die Charakteristika der beiden vorigen Typen sinnvoll miteinander verbinden können. Es gibt eine gewaltige Menge an »Sinngebungsfaktoren«, durch die der Proband seine Seele zeichnerisch preisgeben kann. Diese sind im sogenannten *Wartegg-Handbuch* zusammengefasst worden, wobei winzige Unterschiede in der Darstellung einen positiven oder negativen Ausschlag bei der Auswertung bewirken können.

Negativ bewertet werden dabei:

> Friedhöfe, Schädel, Raubtiere, Waffen = übermäßige Aggressivität
> Schlangen, Wälder, Uhren, Briefe, Hände, Füße, Ohren = Ängste
> isolierte Gegenstände = Vereinsamung
> zu viel unbelebte Natur = Mangel an Durchsetzungsvermögen
> spitze Winkel = Aggressivität, Trend zum asozialen Verhalten
> Verniedlichungen = Naivität
> abstrakte Symbole = Arroganz, Entrücktheit, Geisteskrankheiten

Positiv gewertet werden:

> Treppen = Streben nach Perfektion
> Gewässer = keine Scheu vor körperlicher Betätigung
> Hochhäuser (in richtiger perspektivischer Darstellung) = Logik, Dynamik
> Sonne, Gestirne = Suche nach Selbsterkenntnis und Klarheit
> Werkzeuge, berufliche Symbole = Karrierebewusstsein
> Bücher, Zeitungen = Perfektionismus
> Brillen = Harmoniebedürfnis
> Fahrzeuge, Spiele, Sport = Dynamik
> Natur = Freiheitsdrang
> Koffer = Lebensplanung
> Gärten = Suche nach innerem Frieden [2]

Ebenso ist es von Vorteil, wenn dargestellte Dinge harmonisch eingebunden werden. Ein Stuhl am Tisch, ein Garten am Haus und – ganz wichtig – der Fußboden unter den Beinen. Die vorgegebenen Zeichen sollten sinnvoll integriert und die Formen der Vorgaben entsprechend weiterentwickelt werden. Bögen eignen sich z. B. für Gesichter, Gewässer usw., gerade Linien für Fahrzeuge, Bauwerke (in einer Landschaft!).

Daneben werden die Zeichnungen auch nach grafologischen Aspekten gedeutet. Nach Wartegg, der sein Verfahren »graphoskopische Schichtdiagnostik« nannte, sollen gradlinige und eckbetonte Formen auf einen sachbestimmten Menschen hinweisen, während eine runde Formgebung eher eine erlebnisbestimmte Person ausweist.

In den Augen der Tester ist es am günstigsten, wenn sich runde und gerade Linien in etwa die Waage halten, da dies angeblich auf einen integrierten Typ schließen lässt. Natürlich darf auch die Zeichentechnik nicht außer Acht gelassen werden: Ein gleichmäßiger, nicht zu schwacher Zeichendruck deutet auf Vitalität hin, ein »Zitterstrich« hingegen auf Labilität oder Jähzorn. Die Größe der Bilder sollte etwa zwei Drittel der Felder ausmachen, ansonsten gilt man schnell als neurotisch. Problematisch sind zu dunkel gehaltene Zeichnungen und Schattierungen, da die Testauswerter daraus seelische Konflikte ableiten. Der schlimmste Fauxpas wäre sicherlich Übermalen oder gar Radieren, denn hier würden vielleicht viele Wartegg-Anhänger möglicherweise noch eine Zukunft als Gummizellenbewohner prophezeien.

Bemühen Sie sich, dass die in Ihren Zeichnungen dargestellten Dinge harmonisch in einem inhaltlichen Zusammenhang stehen, und entwickeln Sie die vorgegebenen Zeichen sinnvoll weiter. Verwenden Sie etwa gleich viele runde und gerade Linien (Zeichen für einen integrierten Typ).
Günstig wird ein gleichmäßiger, nicht zu schwacher Zeichendruck gedeutet (Vitalität), ungünstig ein »Zitterstrich« (Labilität oder Jähzorn).
Die Größe der Bilder sollte etwa zwei Drittel der Felder ausmachen, ansonsten gelten Sie schnell als Neurotiker.
Vermeiden Sie zu dunkel gehaltene Zeichnungen und Schattierungen (seelische Konflikte!) und erst recht Übermalen oder Radieren.

TAT –
Der Thematische Apperzeptionstest

Apperzeption: bewusstes Erfassen von Wahrnehmungs-, Erlebnis- und Denkinhalten

Apperzeptionspsychologie: (von W. Wundt begründete) Lehre von der Auffassung des Ablaufs der psychischen Vorgänge als Willensakt (Duden »Das Fremdwörterbuch«)

Dieser Test wurde von dem amerikanischen Psychiater Murray ursprünglich konzipiert, um psychisch belasteten Menschen zu helfen, »die das, worunter sie leiden, nur schwer oder gar nicht ausdrücken können«. In der Originalversion des Thematischen Apperzeptionstests (TAT) werden der Testperson 20 Bilder präsentiert, zu denen jeweils eine »möglichst dramatische« Geschichte erzählt werden soll. Durch diese spontanen Situationsassoziationen versucht man, die Probanden dazu zu bringen, »über einen erfundenen Charakter Dinge auszusagen, die auf sie selbst zutreffen, die sie aber in der Antwort auf direkte Fragen hin zu bekennen nicht willens gewesen wären«. [3]

Die präsentierten Bilder zeigen zumeist recht harmlose Situationen, die aufgrund ihrer ungenauen Darstellung jedoch vielseitig interpretierbar sind. Dieser Auslegungsspielraum dient als Basis für eine psychologische Charakteranalyse der Testperson. Dazu sind diverse Auswertungsverfahren entworfen worden, die emotionale Befindlichkeiten, Aktionsmotive, Hemmungen und seelische Krisen aufspüren sollen. Es ist von den Testautoren durchaus gewollt, dass verborgene Konflikte aufbrechen, denn so lassen sich verdeckte Persönlichkeitsstrukturen leichter aufdecken. Die Tatsache, dass dadurch ein emotionales Abreagieren dieser unverhofft zutage getretenen inneren Spannungen provoziert werden kann, ist den TAT-Autoren durchaus bewusst, und so weisen sie auf »psychokathartische Nebenwirkungen« des Testverfahrens hin.

Deswegen, so die Tester, sollte dem TAT stets eine psychologische Beratung angefügt werden (was jedoch in der Testpraxis leider völlig in Vergessenheit geraten ist).

Wie aber sollte sich nun eine Testperson in diesem Test verhalten, ohne allzu viel von ihrem Innersten preiszugeben? Natürlich gibt es dafür keine optimale Lösung; generell ist es jedoch eher von Vorteil, wenn die Geschichten recht einfach, ohne breite Ausschweifungen dargeboten werden. Das Zurückhalten von Assoziationen und Fantasien bietet einen gewissen Schutz und lässt den Testauswertern einen geringeren Spielraum für die Psychoklassifizierung. Im Übrigen sollten alle wichtigen Aspekte in den Bildern angesprochen werden, um so den Verdacht zu entkräften, sie seien aus Selbstschutz verschwiegen worden.

Es gibt ein paar Problembereiche, die man leicht vermeiden kann: Möglichst nicht thematisiert werden sollten Dinge wie Krankheit, Trauer, Tod, Einsamkeit, Gewissenskonflikte, Gewalt, Rache und unklar definierte Liebeskonstellationen. Die Geschichten sollten immer mit einem (nicht zu dick aufgetragenen) Happy End abgeschlossen werden und zwischenmenschliche Begegnungen stets einen positiven Hintergrund haben (z. B. Begrüßung statt Abschied). Sexualität war schon immer ein Eldorado für Psychoanalytiker, daher gilt besonders hier: Keine Angriffsfläche bieten, Zurückhaltung und »normatives« Verhalten ist angesagt (leider wird auch heute noch die Andeutung von gleichgeschlechtlichen Neigungen negativ gewertet).

Zusammenfassend kann gesagt werden: Hat man keine Möglichkeit, sich dem TAT-Test zu verweigern (was aus ethischen Gründen immer gerechtfertigt wäre), sollte man sich dieser verkappten Psychoanalyse entziehen, indem man sie durch scheinbare Kooperation unterläuft; dies wäre ein Verhalten, das in einer Personalauswahlsituation als in höchstem Maße legitim bezeichnet werden muss.

Halten Sie die Geschichten recht einfach, ohne breite Ausschweifungen.

Achten Sie darauf, dass alle wichtigen Aspekte in den Bildern angesprochen werden.

Bevorzugen Sie in Ihren Geschichten positive Akzente, ebenso ein
gutes Ende.

Vermeiden Sie Dinge wie Krankheit, Tod, Einsamkeit, Verzweiflung,
Liebesdramen.

Der Szondi-Test –
Die Berufsanalyse des Schicksals

Eines der wohl abenteuerlichsten und abstrusesten Testverfahren entwickelte der ungarische Psychiater Dr. Leopold Szondi mit der Idee, die »Kräfte des Schicksals« zu einem pseudoakademischen Forschungsgegenstand zu machen. Dieser Unfug wäre eigentlich keine besondere Aufmerksamkeit wert, hätte Dr. Szondi, der seine Thesen ohne jedes wissenschaftliche Fundament entwickelt hat, das Unterfangen nicht mit einem »schicksalsanalytischen Bildertest« zu untermauern versucht. Und selbst dieser Umstand wäre zu ignorieren, wenn der Szondi-Test nicht hin und wieder bei Bewerbertests eingesetzt würde.

Den bedauernswerten Testpersonen werden hierbei jeweils acht antiquierte Porträtfotos vorgelegt, von denen dann die beiden sympathischsten sowie die beiden unsympathischsten Bilder ausgewählt werden sollen. Diese Auswahl wird insgesamt zwölfmal durchgeführt, sodass letztendlich je zwölf »positive« und zwölf »negative« Persönlichkeitsklischees ermittelt sind. Der Testautor orientiert sich in seiner Bildauswahl an gängigen Klischeevorstellungen über das Aussehen von »typischen« kriminellen oder geistig gestörten Menschen.

Laut Dr. Szondi ist dieses Sortieren nach Sympathiewerten eine »triebhafte Wahl«, die der Proband aufgrund »unbewusster Erbanlagen« trifft. Diese »Erbanlagen« können, je nach Auswahl der entsprechenden Klischees, Sadismus, Hysterie, Homosexualität, Epilepsie, katatone oder paranoide Schizophrenie, Manie oder Melancholie sein. Der Testleiter ermittelt anhand der getroffenen Bilderwahl nicht nur die »verborgenen Triebe«, mehr noch, es wird mithilfe von detaillierten Tabellen festgestellt, mit welchem Schicksal im Privatleben oder im Beruf zu rechnen ist.

Ja, es kommt noch besser! Szondi hat nun diese Schicksalsdeutungen zu Berufsempfehlungen weiterentwickelt. Hiervon – um der puren Unterhaltung willen – eine Auswahl:

> Sadistisch veranlagte Männer (laut Testauswertung) könnten durchaus Karriere als Fuhrmann, Grabsteinbearbeiter, Metzger, Chirurg oder Henker (!) machen.

> Latent homosexuellen Männern empfiehlt Dr. Szondi eine Berufslaufbahn als Zuckerbäcker, Gynäkologe, Friseur oder Spion; lesbisch orientierte Frauen könnten es hingegen als Turnlehrerin oder Postbotin versuchen.

> Auch der Paranoiker darf nicht unerwähnt bleiben: Hier drängt sich geradezu das Berufsbild des Missionars, Dichters, Erfinders, Revolutionärs oder auch des professionellen Kartenspielers auf. Entsprechend veranlagte Frauen müssen auch nicht verzagen, denn für sie hat der Testautor letztlich noch eine Karriere als »Angestellte in zwielichtigen Lokalen« im Angebot.

Wir denken, dieser Auswurf von intellektuellem Sondermüll bedarf keines weiteren Kommentars. Der Szondi-Test ist sicher bestes Beispiel dafür, mit welch dubiosen Methoden selbst heute noch im Personalwesen gearbeitet wird. Was aber tun, wenn man als Bewerber/-in mit diesem Verfahren konfrontiert wird? Da dieses Auswahlinstrument im gröbsten Ausmaß die Intimsphäre der Testpersonen verletzt und auch gegen fundamentalste Menschenrechte verstößt, muss die Teilnahme schon aus Gründen der Selbstachtung schlichtweg verweigert werden. Als Boykottbegründung sollte ein Hinweis auf Susan Deri ausreichen, die davor warnt, dass hier »die Gefahr der Fehlinterpretation aufgrund oberflächlicher Erkenntnisse größer ist als bei irgendeinem anderen Persönlichkeitstest«. [4]

Der NEO-FFI-Test – Die wichtigsten fünf Persönlichkeitsvariablen

Relativ neu ist das sogenannte NEO-Fünf-Faktoren-Inventar (NEO-FFI) nach Paul Costa und Robert McCrae, das von Peter Borkenau und Fritz Ostendorf ins Deutsche übertragen wurde. Hierbei handelt es sich um ein faktorenanalytisches Fragebogenverfahren, mit dem fünf Faktoren Ihrer Persönlichkeit ermittelt werden sollen. Die Merkmalsbereiche sind:

> Neurotizismus (Neigung zu Verhaltensabweichungen mit seelischen Ausnahmezuständen, meist aufgrund unverarbeiteter seelischer Konflikte)
> Extraversion (eine seelische Einstellung, die durch Konzentration der Interessen auf äußere Objekte gekennzeichnet ist)
> Offenheit für Erfahrung
> Verträglichkeit
> Gewissenhaftigkeit

In der Regel umfasst der Test 60 Fragen mit jeweils einer 5er-Skala von Antwortmöglichkeiten, die von starker Ablehnung bis starker Zustimmung reicht. Je 12 der 60 Fragen beziehen sich auf die einzelnen Faktoren, über die in diesem Verfahren versucht wird, Rückschlüsse auf Ihre Persönlichkeitsstruktur zu ziehen.

Welche der Aussagen sich auf welchen Persönlichkeitsfaktor bezieht, ist für den Getesteten dabei nicht ohne Weiteres erkennbar. Auch hohe Punktzahlen in den jeweiligen Faktoren können sowohl positive als auch negative Auswirkungen haben. Es ist klar, dass ein hoher Level im Bereich Neurotizismus weniger vorteilhaft gewertet wird als ein entsprechend hohes Niveau im Sektor Gewissenhaftigkeit. Die Auswertung des Testes erfolgt entweder mittels einer Auswertungsschablone oder mithilfe eines Computers.

Im nun folgenden Test liegen Ihnen 50 Aussagen vor, die Sie je nach Zustimmung oder Ablehnung bewerten sollen. Dabei steht

A) für klare Ablehnung
B) für relative Ablehnung
C) für Unentschiedenheit
D) für teilweise Übereinstimmung
E) für teilweise Übereinstimmung
der jeweiligen Aussage.

Entscheiden Sie bitte spontan, welche Wertung am ehesten für Sie in Betracht kommt, und notieren Sie die jeweilige Punktwertung getrennt nach den Symbolen.

1. Ich denke oft, anderen Menschen unterlegen zu sein.
   A) 0 B) 1 C) 2 D) 3 E) 4   □-Punkte:

2. Unterhaltungen mit anderen Menschen bereiten mir Freude.
   A) 0 B) 1 C) 2 D) 3 E) 4   ▱-Punkte:

3. Inspirationen, die ich in der Natur oder in Museen finde, verarbeite ich gerne kreativ weiter.
   A) 0 B) 1 C) 2 D) 3 E) 4   O-Punkte:

4. Rücksichtnahme und Sensibilität haben eine hohe Priorität in meinem Handeln gegenüber anderen.
   A) 0 B) 1 C) 2 D) 3 E) 4   △-Punkte:

5. Perfektionismus ist oberstes Gebot bei all meinen Arbeitstätigkeiten.
   A) 0 B) 1 C) 2 D) 3 E) 4   □-Punkte:

6. Es gibt Tage, an denen ich mir total wertlos vorkomme.
   A) 0 B) 1 C) 2 D) 3 E) 4   □-Punkte:

7. Man kann mich mit Sicherheit als Frohnatur bezeichnen.
   A) 0   B) 1   C) 2   D) 3   E) 4   ▭-Punkte:

8. Es kommt vor, dass ich bei Musik oder beim Lesen eines Buches vor
   Begeisterung eine Gänsehaut bekomme.
   A) 0   B) 1   C) 2   D) 3   E) 4   ◯-Punkte:

9. Meine Arbeitskollegen und meine Familie kennen mich als streit-
   süchtigen Menschen.
   A) 4   B) 3   C) 2   D) 1   E) 0   △-Punkte:

10. Es fällt mir leicht, bei meiner Arbeit den vorgegebenen Zeitrahmen
    einzuhalten.
    A) 0   B) 1   C) 2   D) 3   E) 4   ▭-Punkte:

11. Ängstlichkeit oder Furcht sind bei mir seltenere Gefühle.
    A) 4   B) 3   C) 2   D) 1   E) 0   ▭-Punkte:

12. Ich umgebe mich gerne mit netten Menschen.
    A) 0   B) 1   C) 2   D) 3   E) 4   ▭-Punkte:

13. Auf Reisen experimentiere ich gerne mit exotischen Speisen.
    A) 0   B) 1   C) 2   D) 3   E) 4   ◯-Punkte:

14. Bei Entscheidungen oder Meinungen zeige ich mich meist unnach-
    giebig und kompromisslos.
    A) 4   B) 3   C) 2   D) 1   E) 0   △-Punkte:

15. Um gesteckte Ziele erreichen zu können, arbeite ich stetig und ge-
    wissenhaft.
    A) 0   B) 1   C) 2   D) 3   E) 4   ▭-Punkte:

A) = klare Ablehnung
B) = relative Ablehnung
C) = Unentschiedenheit
D) = teilweise Übereinstimmung
E) = starke Übereinstimmung

16. Es kommt wirklich nicht oft vor, dass ich mich deprimiert oder verlassen fühle.

    A) 4   B) 3   C) 2   D) 1   E) 0   □-Punkte:

17. Meinen Lebensstil könnte man als sehr umtriebig und leicht chaotisch bezeichnen.

    A) 0   B) 1   C) 2   D) 3   E) 4   ▭-Punkte:

18. Es kommt durchaus vor, dass mich Poesie emotional aufwühlt.

    A) 0   B) 1   C) 2   D) 3   E) 4   O-Punkte:

19. Ich finde es okay, Menschen, die man als unsympathisch empfindet, dieses auch zu signalisieren.

    A) 4   B) 3   C) 2   D) 1   E) 0   △-Punkte:

20. Bei meinen Tätigkeiten gehe ich immer sehr systematisch vor.

    A) 0   B) 1   C) 2   D) 3   E) 4   □-Punkte:

21. Wenn die Dinge mal nicht so gut laufen, lasse ich mich nicht so leicht entmutigen.

    A) 4   B) 3   C) 2   D) 1   E) 0   □-Punkte:

22. Ich würde mich eher als einen Menschen bezeichnen, der es vorzieht, seine eigenen Wege zu gehen.

    A) 4   B) 3   C) 2   D) 1   E) 0   ▭-Punkte:

23. Debatten über philosophische Themen halte ich für Zeitverschwendung.

    A) 4   B) 3   C) 2   D) 1   E) 0   O-Punkte:

24. Ich würde mich niemals als einen Skeptiker oder Zyniker bezeichnen.
A) 0 B) 1 C) 2 D) 3 E) 4   △-Punkte:

25. Gewissenhaftigkeit ist oberstes Gebot bei der Ausführung von Aufgaben, die mir übertragen werden.
A) 0 B) 1 C) 2 D) 3 E) 4   ▭-Punkte:

26. Ich spüre häufig die Symptome von Nervosität und starker innerer Anspannung.
A) 0 B) 1 C) 2 D) 3 E) 4   □-Punkte:

27. Ich bin sehr empfänglich für Humor und lache gerne.
A) 0 B) 1 C) 2 D) 3 E) 4   ▭-Punkte:

28. Es reizt mich, ungewöhnliche Ideen oder neuartige Theorien gedanklich durchzuspielen.
A) 0 B) 1 C) 2 D) 3 E) 4   O-Punkte:

29. Ich bemühe mich, meine Mitmenschen mit Unvoreingenommenheit und Freundlichkeit zu behandeln.
A) 0 B) 1 C) 2 D) 3 E) 4   △-Punkte:

30. Mein Arbeitsplatz ist stets tadellos aufgeräumt und sauber.
A) 0 B) 1 C) 2 D) 3 E) 4   ▭-Punkte:

31. Ich leide häufig darunter, dass andere Menschen mich schlecht behandeln.
A) 0 B) 1 C) 2 D) 3 E) 4   □-Punkte:

A) = klare Ablehnung
B) = relative Ablehnung
C) = Unentschiedenheit
D) = teilweise Übereinstimmung
E) = starke Übereinstimmung

32. Eigentlich bin ich eher ein Pessimist.
    A) 4 B) 3 C) 2 D) 1 E) 0   ☐-Punkte:

33. Ich bin der Meinung, dass man sein Wissen ständig erweitern sollte.
    A) 0 B) 1 C) 2 D) 3 E) 4   ◯-Punkte:

34. Auf viele Menschen wirke ich eher kühl und arrogant.
    A) 4 B) 3 C) 2 D) 1 E) 0   △-Punkte:

35. Wenn ich etwas versprochen habe, halte ich es unter Garantie auch ein.
    A) 0 B) 1 C) 2 D) 3 E) 4   ☐-Punkte:

36. Man kann mich nicht so ohne Weiteres einfach beunruhigen.
    A) 4 B) 3 C) 2 D) 1 E) 0   ☐-Punkte:

37. Ich stehe sehr gerne im Mittelpunkt einer Gesellschaft.
    A) 0 B) 1 C) 2 D) 3 E) 4   ☐-Punkte:

38. Sich Tagträumereien hinzugeben, halte ich für ausgesprochene Zeitvergeudung.
    A) 4 B) 3 C) 2 D) 1 E) 0   ◯-Punkte:

39. Um ein bestimmtes Ziel zu erreichen, kann ich bisweilen auch sehr rücksichtslos handeln.
    A) 4 B) 3 C) 2 D) 1 E) 0   △-Punkte:

40. Ich glaube, dass es mir wohl nie gelingen wird, mein Leben in geordnete Bahnen zu bringen.

A) 4 B) 3 C) 2 D) 1 E) 0   ☐-Punkte:

41. Traurigkeit oder Niedergeschlagenheit verspüre ich äußerst selten.

A) 4 B) 3 C) 2 D) 1 E) 0   ☐-Punkte:

42. Ich würde mich als einen eher aktiven Typ bezeichnen.

A) 0 B) 1 C) 2 D) 3 E)   ▱-Punkte:

43. Ich bin der Ansicht, bei ethischen Themen sollte man auch auf die Meinung von Religionsvertretern achten.

A) 4 B) 3 C) 2 D) 1 E) 0   ◯-Punkte:

44. Es gibt Menschen, die mich für egoistisch und arrogant halten.

A) 4 B) 3 C) 2 D) 1 E) 0   △-Punkte:

45. Ich bin ein fleißiger Mensch, der seine Aufgaben gewissenhaft ausführt.

A) 0 B) 1 C) 2 D) 3 E) 4   ☐-Punkte:

46. Es kam schon vor, dass mir etwas so peinlich war, dass ich mich auf der Stelle hätte verkriechen können.

A) 0 B) 1 C) 2 D) 3 E) 4   ☐-Punkte:

47. Normalerweise ist es mir lieb, Aufgaben allein zu erledigen.

A) 4 B) 3 C) 2 D) 1 E) 0   ▱-Punkte:

48. Über hintergründige Themen aus Naturwissenschaft oder Philosophie nachzudenken, liegt mir fern.

A) 4 B) 3 C) 2 D) 1 E) 0   ◯-Punkte:

A) = klare Ablehnung
B) = relative Ablehnung
C) = Unentschiedenheit
D) = teilweise Übereinstimmung
E) = starke Übereinstimmung

49. Ich bin jemand, der Zusammenarbeit der Konkurrenz vorzieht.
    A) 0 B) 1 C) 2 D) 3 E) 4   △-Punkte:

50. Es kommt öfters vor, dass ich sehr viel Zeit verstreichen lasse, ehe
    ich eine Aufgabe beginne.
    A) 4 B) 3 C) 2 D) 1 E) 0   ▭-Punkte:

Summe der Punkte in den Einzelfaktoren:

▢ = Neurotizismus: …………………………
▭ = Extraversion: …………………………
○ = Offenheit für Erfahrung: …………………………
△ = Verträglichkeit: …………………………
▭ = Gewissenhaftigkeit: …………………………

Je 10 Aussagen beziehen sich auf jede der 5 Faktorgruppen. Der Mittelwert (2 Punkte pro Aussage) liegt bei 20 Punkten pro Einzelfaktor. Dies ist auch der Wert, an dem Sie sich orientieren können. Das Maximum wären 40 Punkte. Ab 25 oder gar 30 und mehr Punkten pro Faktor ist der entsprechende Charakterzug extrem ausgeprägt.

Wir verzichten hier bewusst auf eine detaillierte Punkteskala zu Ihrer Einstufung; am besten Sie bilden sich selbst ein Urteil anhand der von Ihnen selbst ermittelten Werte.

Testauswertung analog den Vorgaben des NEO-FFI

Testpersonen mit höheren Werten im Bereich *Neurotizismus* neigen dazu, eher unangemessen auf Stresssituationen zu reagieren, unrealistische Ideen zur Realisierung ihrer Bedürfnisse zu entwickeln und in ständiger Sorge um ihre Gesundheit zu leben. Unsicherheit, Traurigkeit, Ängstlichkeit, Nervosität und Verlegenheit sind wichtige Bestandteile ihres Charakters.

Hohe Werte beim Faktor *Extraversion* charakterisieren Personen mit Vorlieben für An- und Aufregungen; sie sind eher heiter, aktiv, gesellig, personenorientiert, gesprächig, herzlich und optimistisch.

Liegen höhere Werte im Bereich *Offenheit für Erfahrung* vor, so zeichnen sich die Testpersonen durch Fantasie, Kreativität, Wissbegierigkeit und Objektivität aus; sie sind offen für Abwechslungen und neue Erfahrungen.

Testpersonen mit sehr hohen Werten beim Faktor *Verträglichkeit* haben ein absolut starkes Harmoniebedürfnis, sie sind sehr nachgiebig und eher zu vertrauensvoll. Bei mittleren Werten werden Kooperativität und Gemeinschaftssinn ebenso deutlich wie etwa uneigennütziges, wohlwollendes, mitfühlendes und verständnisvolles Verhalten.

Wenn beim Faktor *Gewissenhaftigkeit* höhere Werte vorliegen, heißt das, dass die Testperson zuverlässig, diszipliniert, pünktlich, ordentlich, ehrgeizig und hart arbeitend, aber unter Umständen auch zwanghaft perfektionistisch ist.

Positiv ist anzumerken, dass der NEO-FFI-Test vom Inhalt und Aufbau intelligenter als die meisten anderen Persönlichkeitstests angelegt ist. Dennoch soll auch bei diesem Testverfahren darauf hingewiesen werden, dass es primär dafür entwickelt wurde, Ihr Seelenleben zu erforschen, um daraus Schlüsse auf eine berufliche Kompetenz zu ziehen. Ob es gerechtfertigt ist, Sie nach Ihren Ängsten oder seelischen Bedürfnissen zu befragen, beurteilen Sie am besten selbst. Wir jedenfalls halten das – auch in diesem Fall – für mehr als bedenklich.

Der Rorschach-Test –
Die Klecks-Entfaltung

Bereits zu Beginn der Zwanzigerjahre entwickelte der Schweizer Psychiater Hermann Rorschach einen Persönlichkeitstest, der bis heute die Testgemeinde unter den Psychologen stark spaltet. Hierbei handelt es sich um einen sogenannten »Entfaltungstest«, bei dem die Probanden hintereinander je zehn Schautafeln mit tintenklecksähnlichen Abbildungen vorgelegt bekommen, die an einer vertikalen Achse gespiegelt sind. Diese Kleckse sollen dann spontan gedeutet und interpretiert werden; die einzige Frage lautet schlicht: »Was könnte das sein?«

Je nach Art der Bildinterpretation wird auf die Psyche der Versuchsperson rückgeschlossen. Dass die Auswertung dieses Tests eine ziemlich große Bandbreite von Interpretationen zulässt, liegt auf der Hand; so sind mehrere divergierende Systeme entwickelt worden, um zu einer scheinbaren Objektivität in der Beurteilung der Aussagen zu gelangen.

Bewertet werden Form- und Farbinterpretationen und die gesamte Bandbreite der Assoziationen beim Betrachten der Schautafeln. Um (im Sinne der Tester) möglichst gut abzuschneiden, sollte man die Abbildungen nicht nur als starres zweidimensionales Produkt beschreiben, sondern die Tiefe des Raumes mit hineininterpretieren. Am besten ist es, wenn Sie in den Bildern darüber hinaus noch Bewegungen erkennen können. Auch sollten Sie wirklich nur die Kleckse und nicht etwa die Räume zwischen diesen ansprechen. Achten Sie jedoch darauf, dass Sie sich nicht allzu sehr nur vom Umriss der Darstellungen leiten lassen, dies wird im Allgemeinen als Emotionsarmut interpretiert. Ebenso unvorteilhaft ist es, zu sehr Schattierungsnuancen anzusprechen, dann wiederum könnten Ihnen »kindliche Zärtlichkeitsbedürfnisse« unterstellt werden. Durch das Erkennen von menschlichen Formen, seien es nun Körperteile oder Personen – am besten noch in

Bewegung –, beweisen Sie Selbstbewusstsein und eine hohe soziale Kompetenz (so jedenfalls die Tester).

Die Farbinterpretation spielt bei der Auswertung eine gewichtige Rolle: Rot kann die Farbe des Blutes, einer Rose oder die eines Rubins sein; was für Sie dabei am vorteilhaftesten sein könnte, liegt sicher auf der Hand. Wenn Sie Form und Farbe der Bilder nachvollziehbar in Einklang bringen und das Ergebnis überzeugend vermitteln können, schneiden Sie am positivsten ab. Doch hüten Sie sich vor allzu fantasievollen Deutungen! Wenn Sie beispielsweise auf Karte 5 des Tests anstatt der hier üblicherweise gedeuteten Fledermaus einen »Flugdrachen, der, aus geheimnisvollen Weiten von Raum und Zeit kommend, gerade dabei ist, in den menschlichen Niederungen zu landen«, sehen, wird man Sie im günstigsten Falle als Sonderling oder Außenseiter betrachten.

Bedenken Sie auch, dass Sie während des Tests beobachtet werden. Es gilt, Gelassenheit zu demonstrieren: Betrachten Sie die Tafeln mit sachlicher Miene (Pokerface) und vermeiden Sie Gefühlsäußerungen; selbst ein Kratzen am Hinterkopf könnte man Ihnen als Zeichen des Unbehagens oder gar der Überforderung auslegen. Auch hier gilt, wie bei den meisten Persönlichkeitstests: die Spielregeln erkennen und aktiv mitspielen!

Fazit: Der Rorschach-Test ist ein veraltetes Instrumentarium, das aufgrund seiner Interpretationsspannweite und seiner nebulösen Bewertungsskalen unter Umständen in einer psychologischen Beratung seinen Dienst tun könnte, als Berufseignungs-Auswahltest ist er mit Sicherheit völlig ungeeignet.

Versuchen Sie, in den Schautafeln dreidimensionale Gebilde zu sehen, günstig, wenn diese sich bewegen, am besten, wenn es sich um Menschen oder Körperteile handelt.

Gehen Sie möglichst nicht auf Umrisse und Zwischenräume ein, ebenso nicht auf Schattierungen.

Vermeiden Sie extreme oder krasse Farbinterpretationen.

Bewahren Sie beim Betrachten der Tafeln einen kühlen Kopf, bloß keine Gefühlsäußerungen zeigen.

Der EPPS – Immerhin zwei Alternativen

Die Möglichkeit, dass Persönlichkeitstests von Testpersonen durch konstruierte Angaben unterlaufen werden könnten, ist den Testern natürlich bekannt. Um dieses Konterkarieren der Testresultate zu verhindern, wurden in den USA sogenannte »Forced Choice (Wahlzwang-) Tests« konzipiert. In diesem Verfahren werden den Probanden Fragebogen vorgelegt, auf denen jeweils zwei scheinbar gleichwertige Aussagen gegenübergestellt sind. Die Testperson hat nun die Aufgabe, sich spontan (das heißt vor allem schnell) und unter Zeitdruck für eine der beiden Aussagen zu entscheiden. Durch die Tatsache, dass beide Angaben in gleicher Weise positiv wirken (Was ist vorteilhafter: Sympathie oder Kreativität?), soll ein taktisches Verhalten der Testteilnehmer ausgeschlossen werden.

Eine Variante dieser »Forced Choice Tests« ist der von dem amerikanischen Professor Edwards entworfene EPPS(Edwards Personal Preference Schedule)-Test. Edwards ging davon aus, dass die Persönlichkeit eines Menschen im Wesentlichen durch folgende 15 Bedürfnismerkmale charakterisiert ist:

Leistung, Anerkennung, Ordnung, Selbstdarstellung, Selbstständigkeit, Geselligkeit, Distanz, Hilfsbereitschaft, Dominanz, Selbsterniedrigung, Unterstützung, Abwechslung, Ausdauer, Sexualität, Aggressivität.

Der Test enthält 225 Alternativpaare, von denen jeweils 15 Paare den 15 Bedürfnismerkmalen zugeordnet sind. Hierzu ein Beispiel:

A) »Ich habe eine Vorliebe für Witze, in denen Sex eine gewisse Rolle spielt.«
B) »Wenn ich beleidigt werde, löst das bei mir das Bedürfnis nach Rache aus.«

Bei dieser Aussagenpaarung wird ganz offensichtlich nach Sexualität bzw. Aggression gefragt. Mit großer Wahrscheinlichkeit ist hier ein Hinweis auf Sex vorteilhafter zu bewerten.

Bei der Testauswertung führt jede Aussage zu einem Plus- oder Minuspunkt auf der jeweiligen »Bedürfnisskala«, aus welcher dann ein Persönlichkeitsprofil ermittelt wird. Diese Auswertung ist per Computer oder auch von Hand durchzuführen, was zu einer hohen Wertschätzung des Tests besonders im Personalwesen geführt hat; ein weiterer Pluspunkt des EPPS (im Sinne der Tester) ist, dass er auch als Gruppentest angewandt werden kann.

Doch so undurchschaubar, wie es die Testautoren glauben machen wollen, ist auch dieses Ausleseverfahren nicht. Wie schon im vorigen Beispiel aufgezeigt, ist es möglich, mit etwas Spitzfindigkeit und Raffinesse dem Anliegen der Tester auf die Schliche zu kommen. Wenn dies gelungen ist, kann man seine Antworten ganz dem Profil des angestrebten Arbeitsplatzes angleichen (das Berufsklischee eines Managers beispielsweise erfordert im Allgemeinen einen dominanten und selbstständigen Menschen, ein Sozialpädagoge dagegen sollte eher hilfsbereit und gesellig sein).

Zum Test-Wettrüsten / Fazit

Das Aufzeigen der gängigen Persönlichkeitstestverfahren sollte Ihnen beim Weg durch den Testdschungel eine Hilfe sein sowie die (oft perfiden) Machenschaften und Tricks der Tester transparent werden lassen. Doch auch die Testautoren sind stets damit beschäftigt, neue Tests zu konzipieren, immer in der Hoffnung, dass diese nicht zu »knacken« seien.

»Wir wollen offen zugeben, dass die Herstellung von Tests und Puzzles ein faszinierendes Gesellschaftsspiel ist. Solange Amateurpsychologen immer neue unwiderstehliche Einfälle haben und an das Geheimrezept eines Tests zur Überwindung aller Tests glauben – so lange wird auch im Testgeschäft (!) die Suche nach ausgefallenen Wundermitteln weitergehen.« [5]

Wir bleiben am Ball.

Testpraxis

Bewältigungsstrategien

Was kann man als Bewerber, z. B. im Rahmen eines Assessment Centers, gegen diese Art von Persönlichkeitstests tun? Man kann sich durchaus schützen, so lautet die einfache Antwort. Nur wie?

Zunächst einmal kommt es darauf an, sogenannte Persönlichkeitstestverfahren als solche zu erkennen. Zweitens ist es wichtig, die eigene Persönlichkeit, die eigenen Charaktermerkmale möglichst gut zu kennen. Drittens ist es unbedingt notwendig, in Erfahrung zu bringen, welche Persönlichkeitsmerkmale die andere Seite (z. B. die AC-Beobachter, der Arbeitgeber) erwartet bzw. wünscht. Und viertens muss es einem gelingen – leichter gesagt als getan –, das Übermitteln dieser Merkmale glaubhaft zu gestalten. Persönlichkeitstestverfahren zu durchschauen, überhaupt erst einmal zu wissen, was auf einen zu- und worauf es ankommt, ist das Gebot der Bewerbungsstunde. Diese Kunst ist erlernbar.

Dazu jetzt die Auflösung zu dem im AC-Bericht (S. 75) geschilderten Beispiel (nummerieren Sie die Testaussagen von 1–9 auf den Seiten 75–77). Haben Sie gemerkt, worum es geht? Drei »Persönlichkeitsmerkmale« (Faktoren) sind es, die hinter diesen Aussagen stehen:

1.

A *Sachbezogenheit* (kühl und reserviert) gegenüber
B *Kontaktorientierung* (aufgeschlossen und warmherzig)
Frage 3: Antwort a ist kontaktbezogen, c sachbezogen; Frage 6: Antwort a ist sachbezogen, c kontaktbezogen; Frage 7: Antwort a ist sachbezogen, c kontaktbezogen.

Haben Sie sich zweimal oder mehr für einen der beiden Faktoren entschieden, ist Ihr Persönlichkeitsbild »festgenagelt«. Sie sind dann also z. B. ein eher kühler, bei dreimal A ein eiskalter Sachmensch ... Bei dreimaliger Kontaktorientierung sind Sie übrigens nicht bloß warmherzig, sondern bereits geschwätzig.

2.

A *Vertrauensbereitschaft* (vertrauensvoll) gegenüber

B *skeptischer Haltung* (misstrauisch)

Frage 1: Antwort a ist vertrauensvoll, c misstrauisch; Frage 8: Antwort a ist misstrauisch, c vertrauensvoll; Frage 9: Antwort a ist vertrauensvoll, c misstrauisch.

Hier wären die Extrempole (dreimalige Ankreuzung) vertrauensvoll-naiv und offen misstrauisch zu sein bzw. ekelhaft, unangenehm und verschlossen.

3.

A *Emotionale Labilität* (neurotisch) gegenüber

B *emotionaler Stabilität* (gelassen)

Frage 2: Antwort a ist neurotisch, c stabil; Frage 4: Antwort a ist neurotisch, c stabil; Frage 5: Antwort a ist stabil, c neurotisch.

Hier geht es um die Polaritäten »neurotisch – gestört« oder »gleichgültig – cool«. Sollten Sie bei diesen 9 Testaussagen insgesamt mehr als zweimal die Antwort b angekreuzt haben (teils-teils, weiß nicht etc.), laufen Sie Gefahr, als Lügner und Vernebler dazustehen, der den Test nicht offen beantworten will.

Bitte verstehen Sie diesen kleinen Demonstrationstest als eine Art didaktisches Beispiel, ohne an Ihr Ergebnis auch nur im Entferntesten zu glauben. In der Testrealität jedenfalls wird bei der Auswertung im Prinzip so wie hier vorgegangen: Man legt Ihre Ankreuzungen entsprechend aus und interpretiert sie. Daraus kann selten etwas Positives resultieren. Auf jeden Fall sollten Sie wissen, dass es keinesfalls immer eindeutig einen »guten« und anstrebenswerten gegenüber einem »schlechten« und zu vermeidenden Persönlichkeitsfaktor gibt.

Es ist schwer, generelle Empfehlungen für das Bearbeiten von Persönlichkeitstests auszusprechen, deshalb ein grundlegender Rat: Achten Sie darauf, die Fragen nicht zu extrem in eine Richtung zu beantworten bzw. entsprechend die Antworten anzukreuzen. Es geht um die »richtige Mischung« aus folgenden Komponenten:

> Wie stellt sich der Arbeitgeber den idealen Bewerber für diese Position/Aufgabe vor?
> Wie glauben Sie wirklich zu sein?
> Ausweichen auf die »Teils-teils«-Position.

Wie verhalten Sie sich bei Satzergänzungstests (siehe Seite 69)? Wenn Sie nicht ablehnen können, halten Sie zumindest Ihre Antworten knapp und sozial erwünscht. Bleiben Sie sachlich, vermitteln Sie den Eindruck, dass Sie sich um aufrichtige Antworten bemüht haben, und bewegen Sie sich im sozial unverfänglichen und konfliktfreien Klischee.
Hier ein Beispiel:

> Ich fürchte … nicht den richtigen Erfolg zu haben.
> Früher war ich … schüchterner als meine Freunde.
> Es ärgert mich besonders, wenn … man mir nicht glaubt.

Diesem Beispiel seien andere Ergänzungsmöglichkeiten gegenübergestellt:

> Ich fürchte … mich nicht.
> Früher war ich … ein erfolgreicher Torwart unserer Schulmannschaft.
> Es ärgert mich besonders, wenn … andere Menschen abergläubisch sind.

Die Gegenüberstellung macht deutlich, dass die Art und Weise der Vervollständigung der Sätze im zweiten Block z. B. für eine Management-Position unverfänglicher ist.

Wie unterläuft man diese Satzergänzungstests? Verdeutlichen Sie sich positive Verhaltensklischees, die man von Ihnen erwarten kann. Machen Sie sich noch einmal klar: Es geht nicht um Wahrheit oder Ihre reale persönliche Meinung. Hier zwei Beispiele, wie man negativ formulierte Satzanfänge handhaben sollte:

> - Ich fürchte … Antwort: … in der Regel nichts.
- Ich bin besorgt, wenn … Antwort: … jemand in meiner Familie ernsthaft erkrankt ist.

Banal wirkende Sätze sind keine Gefahr, sondern eher ein Indiz dafür, dass Sie kein Neurotiker sind. Diese – so die Meinung der Test-Autoren – erkennt man eher an sorgfältig ausgefeilten, komplexen Sätzen. Hier noch einige Beispiele für die banale, aber positive Ergänzung von negativen Satzanfängen, mit dem Resultat einer günstigen Interpretation Ihrer Persönlichkeit:

> - Ich kann nicht … Antwort: … klagen.
> - Wenn ich einen Fehler mache, dann … Antwort: … bemühe ich mich, ihn zu korrigieren.
> - Als man mir sagte, das könne ich nicht, … Antwort: … bat ich, es doch einmal versuchen zu dürfen.
> - Wenn alles misslingt, dann … Antwort: … suche ich nach der Ursache und beseitige sie.

»Corrigez la fortune« – Thema Notlügen

Vor jedem Gericht haben Sie das Recht zur Aussageverweigerung, wenn Sie sich ansonsten selbst belasten, also schaden würden. Da aber die Nichtbeantwortung von Fragen während eines Persönlichkeitstests als Testboykott angesehen würde und dies mit Sicherheit negative Konsequenzen bezüglich Ihrer Bewerbung hätte, gilt es, andere Wege zu finden, um sein Recht auf Schutz der Persönlichkeit wahrzunehmen.

Bedenken Sie: Sie stehen nicht unter Eid und unterliegen keiner moralischen Verpflichtung! Niemand kann Sie zwingen, die Wahrheit zu sagen! Die Wahrheit wäre in diesem Fall die Preisgabe Ihres Innenlebens, und das sollten Sie eigentlich nur Menschen anvertrauen, die dieses Wissen nicht missbrauchen.

Es ist daher mehr als nur legitim, die Wahrheit etwas zu korrigieren! Es wäre geradezu grob fahrlässig, ja sogar dumm und selbstschädigend, auf die Frage: »Geben Sie schnell auf, wenn Sie nicht gleich weiterkommen?« mit einem »Ja« zu antworten. Doch Vorsicht, auch Kaschieren will gelernt sein! Wenn Sie den Eindruck eines makellosen Supermenschen erwecken, wird jeder Testauswerter mit Sicherheit zunächst einmal stutzig werden.

Daher: Anstatt tolldreist zu lügen, besser das (Test-)Schicksal elegant korrigieren und mitspielen, denn die geheimen Regeln kennen Sie jetzt.

Emotionale Intelligenz –
Die Weisheit der Gefühle

Intellegere (lateinisch): einsichtig sein, erkennen

»Cogito ergo sum« – »Ich denke, also bin ich«. Dieser berühmte Ausspruch des französischen Philosophen René Descartes wurde prägend für das abendländische Denken im Sinne einer einseitigen Verstandes- und Vernunftorientierung. Davon beeinflusst wurde natürlich auch die akademische Psychologie, die sich – zumindest in zwei ihrer Unterdisziplinen, der Diagnostik und der Testpsychologie – primär auf die Erfassung intellektueller Fähigkeiten konzentriert.

Was aber ist unter »Intelligenz« genau zu verstehen? Kaum ein anderer Begriff aus den Bereichen Psychologie und Soziologie ist mit mehr Definitions- bzw. Erklärungsversuchen belegt worden. Viele dieser Deutungsmuster haben sich als überholt und falsch erwiesen, andere wiederum erklären das Phänomen überzeugend, jedoch aus sehr unterschiedlichen Sichtweisen. Grundsätzlich muss betont werden, dass es verschiedene Formen von Intelligenz gibt; lediglich die eine Intelligenz prüfen zu wollen, wie dies in veralteten IQ-Tests versucht wurde, ist also ein von Beginn an sinnloses Unterfangen.

Eine praktikable und leicht verständliche Kurzformel lieferten Siegfried Brockert und Gabriele Braun in *Das EQ-Testbuch – Wie groß ist Ihre emotionale Intelligenz?* [6]. Sie definierten das Phänomen der Intelligenz als »die Fähigkeit, den Anforderungen, die die Welt an uns stellt, bestmöglich zu entsprechen«. Somit ist anzumerken, dass natürlich auch Flexibilität eine Erscheinungsform der Intelligenz darstellt.

Der amerikanische Psychologe Howard Gardner wies bereits in den Siebzigerjahren darauf hin, dass der Begriff der Intelligenz bis dahin viel zu einseitig – reduziert auf logisch-rationale Fähigkeiten – definiert worden war. Er formulierte daraufhin das Modell der »multiplen Intelligenzen«. Gardner klassifizierte die verschiedenen Arten von Intelligenz wie folgt:

> Sprachliche Intelligenz
> Mathematisch-logische Intelligenz
> Räumliches Wahrnehmungsvermögen
> Musikalische Intelligenz
> Körperlich-motorische Intelligenz
> Intrapsychische Intelligenz (die Fähigkeit, eigene Gefühle richtig einordnen zu können)
> Interpersonale Intelligenz (die Sensibilität, auf das Gefühlsleben anderer eingehen zu können)

Die beiden letztgenannten Formen der Intelligenz bilden dabei das Gerüst der emotionalen Intelligenz. Das *Oxford English Dictionary* definiert Emotion als »eine Beunruhigung oder Störung der Seele, Gefühl, Leidenschaft; ein heftiger oder erregter Gefühlszustand«. Allgemein kann man Emotionen als subjektiv empfundene Wahrnehmungen unseres Seelenlebens bezeichnen. Der amerikanische Psychologe und Publizist Daniel Goleman (*Emotional Intelligence*) differenziert zwischen folgenden acht Grundgefühlen:

> Überraschung
> Furcht
> Ekel
> Schuld bzw. Scham
> Zorn/Wut bzw. Aggression
> Trauer
> Liebe
> Glück

Die am häufigsten empfundenen emotionalen Zustände sind zumeist Mischformen aus diesen Grundgefühlen. Nach Goleman sind Emotionen »Gefühle mit dazugehörigen eigenen Denkvorgängen, psychischen Umständen, physischen Zuständen und den entsprechenden Handlungsbereitschaften«.

Wo aber liegen die Unterschiede zwischen der rationalen und der emotionalen Intelligenz? Stellen Sie sich folgende Situation vor: Ein Kleinkind überwindet ein Geländer und fällt vor Ihren Augen in ein Gewässer, weit und breit ist kein anderer Mensch in Sichtweite. Wie würden Sie reagieren?

Ihr Verstand, also Ihre rationale Intelligenz, würde Sie gewiss veranlassen, die Situation zu analysieren und abzuwägen, ob es besser wäre, selbst zu springen, um das Kind zu retten, und sich dabei vielleicht auch in Gefahr zu begeben (wenn Sie mit untergingen, könnte auch niemand mehr das Kind retten, Sie waren ja schließlich der einzige Augenzeuge) oder alternativ nach professioneller Unterstützung zu rufen. Doch dann könnte es bereits viel zu spät sein, dieses Ereignis ließe nicht viel Zeit zum Überlegen. Springen oder nicht? Die Entscheidung wäre mit Gewissheit intuitiv, die Handlungsbarriere, die es zu überwinden gölte, wäre letztlich ein Gefühl, nämlich Ihre Angst vor dem Sprung ins Wasser. Sie würden also in Ihrer Handlungskonsequenz von Ihrer emotionalen Intelligenz gesteuert werden.

Diese Konfliktsituation macht klar, was rationale von emotionaler Intelligenz unterscheidet:

Während mit der rationalen Intelligenz bekannte Fakten analytisch verarbeitet werden, nach Logik und Verstand geprüft, abgewogen und schließlich gehandelt wird, ist die emotionale Intelligenz charakterisiert durch schnelle, intuitive Entscheidungen, deren Richtigkeit zunächst nicht infrage gestellt wird.

Die Handlungen erfolgen »aus dem Bauch heraus«, also der Logik der eigenen Psyche folgend, gefühlsmäßig und harmonieorientiert; das Ergebnis beruht letztlich auf der emotionalen Kreativität mit allen daraus folgenden (nicht immer zwingend positiven) Konsequenzen.

Der amerikanische Psychologe John Mayer beschrieb zusammen mit dem Intelligenz- und Emotionsforscher Peter Salovey die fünf wesentlichen Charakteristika der emotionalen Intelligenz:

> das Erkennen der eigenen Gefühle
> die Fähigkeit, eigene Emotionen konstruktiv einordnen zu können
> die emotionale Kreativität (das Umsetzen der emotionalen Kraft)
> die Empathie (die Fähigkeit, sich in die Gefühle anderer Menschen hineinversetzen zu können)
> das Engagement im zwischenmenschlichen sozialen Verhalten

Als Quintessenz seiner Betrachtungen über die emotionale Intelligenz formuliert Daniel Goleman schließlich: »Für die Gesamtheit der Fähigkeiten, die die Intelligenz der Gefühle darstellen, gibt es ein altmodisches Wort: Charakter.« – Wie wahr!

Soziale Intelligenz / Soziale Kompetenz

Die soziale Kompetenz stellt einen nicht unerheblichen Aspekt der emotionalen Intelligenz dar. Unter sozialer Kompetenz versteht man die Fähigkeit, die zwischenmenschlichen Beziehungen, seien sie nun verbal oder nonverbal, konstruktiv und für alle Beteiligten zufriedenstellend zu gestalten. Das Fundament der sozialen Kompetenz bildet die sogenannte soziale Intelligenz.

Der Intelligenzforscher Edward L. Thorndike definierte die soziale Intelligenz bereits in den Zwanzigerjahren als »die Fähigkeit, andere zu verstehen und in menschlichen Beziehungen klug zu handeln«. Soziale Intelligenz meint damit die Sensibilität, auf Stimmungen, Motive und Intentionen anderer Menschen eingehen zu können und diese menschlich-kreativ weiterzuverarbeiten.

Soziale Intelligenz kann somit als interpersonelle oder zwischenmenschliche Intelligenz angesehen werden.
Die Gabe, diese Fähigkeit im Alltag auch umsetzen zu können, ist die soziale Kompetenz.

Besonders in der sich stetig weiterentwickelnden Dienstleistungs- und Informationsgesellschaft rückt die soziale Kompetenz immer mehr in den Mittelpunkt, da zunehmend der Mensch selbst zum eigentlichen Wirtschaftsprodukt wird. Teamgeist, Kommunikationsfähigkeit und Sensibilität sind dabei, wieder den Stellenwert in den beruflichen Anforderungen einzunehmen, den sie vor der industriellen Revolution besaßen.

Die Kernpunkte der sozialen Kompetenz sind:

Sensibilität

Einfühlungsvermögen, Probleme und Gefühle anderer erkennen und berücksichtigen; realistische Einschätzung der Wirkung der eigenen Person auf andere.

Kontaktfähigkeit

Auf andere Menschen zugehen können, Kommunikationsbereitschaft zeigen; andere an Gesprächen teilhaben lassen; Offenheit bei eigenen Zielen, Absichten und Methoden; vertrauensvoller und hilfsbereiter Umgang mit anderen Menschen.

Kooperationsfähigkeit

Aufgreifen und Weiterführen der Ideen anderer; sich nicht auf Kosten anderer profilieren; den eigenen Erfolg mit anderen teilen können; Verzicht auf Konkurrenzdenken, Machtinteressen und Rivalität.

Integrationsvermögen

Ursachen von Konflikten erkennen und für alle Beteiligten akzeptable Lösungen anstreben; unterschiedliche Interessen zielgerichtet »kanalisieren«, ohne dabei eigene Konzepte zu vernachlässigen.

Informationsbereitschaft

Andere mit Informationen versorgen; wichtige Informationen nicht zurückbehalten; zuhören können und Zeit für Gespräche haben.

Ausgeglichenheit

Auf persönliche Angriffe angemessen und nicht zu aggressiv reagieren; andere nicht provozieren und sich selbst nicht provozieren lassen; in seiner Stimmungslage berechenbar sein.

Wie häufig im Bereich der sozialen Kompetenz Defizite vorliegen, erfahren wir beinahe täglich in Stresssituationen, die alleine auf die Unfähigkeit, sich zwischenmenschlich »kompetent« zu verhalten, zurückzuführen sind. Darüber hinaus können besonders stark belastende Situationen im Berufsleben wie Mobbing, Überforderung, Entlassung oder Dauerarbeitslosigkeit zu abweichenden Verhaltensmustern, der sogenannten sozialen Neurose, führen. Angstzustände, Fluchtverhalten (»blaumachen«, »blau« sein) oder Vereinsamungstendenzen sind nur einige exemplarische Symptome dieser von der Gesellschaft produzierten Defizite.

Die soziale Kompetenz ist trainierbar, das heißt, es existieren Möglichkeiten, soziale und emotionale Fähigkeiten weiterzuentwickeln und zu verbessern, um zwischenmenschliche Kommunikations- oder Konfliktsituationen besser bewältigen zu können. Die Verfahren hierzu werden in der Psychotherapie als »Training sozialer Kompetenz« (TSK) bezeichnet. Dazu gehören u. a. Rollenspiele, Verhaltens- und Nachahmungsübungen, sowohl einzeln als auch in Gruppen, wodurch der individuelle Sozialcharakter gefestigt und das Selbstbewusstsein sowie die Selbstsicherheit gestärkt werden.

Zusammengefasst ist die soziale Kompetenz das Ausmaß, in dem ein Mensch in der Interaktion mit anderen im privaten, beruflichen und gesellschaftlichen Kontext selbstständig, umsichtig und konstruktiv zu handeln vermag. Es geht dabei um die Fähigkeit, zwischenmenschliche Kommunikation und Interaktionen optimal zu gestalten. Die Schlüsselqualifikationen hierfür sind Einfühlungsvermögen, Kommunikations- und Teamfähigkeit sowie Konfliktlösungskompetenz.

All dies wird durch die sogenannten Intelligenz-, Konzentrations-, Leistungs- und Berufseignungstests nicht erfasst und lässt allein deshalb auf deren Mangelhaftigkeit schließen. Schon eher, wenn auch noch viel zu ungeordnet und unprofessionell, werden diese Merkmale in den Persönlichkeitstests, besonders aber in den Assessment Centern geprüft. Aber auch deren Ergebnisse sind noch als unbefriedigend zu bezeichnen. Auf der Suche nach dem berüchtigten »Stein der Weisen« wird wohl noch viel Zeit vergehen. Das Ziel ist noch lange nicht erreicht – und wird vielleicht auch nie zu erreichen sein.

66 Persönlichkeitsentscheidungen

Nachfolgend finden Sie 66 Aussagen, die sich auf Ihre Interessen, Neigungen und Einstellungen beziehen. Bei vielen dieser Aussagen kann man unterschiedlicher Meinung sein: Der eine denkt, Geld mache nicht glücklich, der andere ist gegenteiliger Ansicht. Eine Person ist im persönlichen Umgang zurückhaltend, eine andere nicht. Jemand fühlt sich stark und selbstbewusst, jemand anderes ist voller Selbstzweifel. Eine »richtige« Antwort auf die jetzt folgenden Aussagen gibt es nicht. Jeder Mensch hat schließlich das Recht auf seine eigene Meinung, basierend auf seinen individuellen Erfahrungen.

Nun ist Ihre Meinung gefragt. Zu jeder Aussage gibt es drei Antwortmöglichkeiten.
Dazu ein Beispiel:

Ich treibe gerne Sport.
   a) stimmt
   b) teils-teils
   c) stimmt nicht

Kreuzen Sie bitte diejenige Antwort an, die Ihrer Meinung am ehesten entspricht. Wichtig: Grübeln Sie nicht lange darüber nach, wie eine Aussage zu verstehen ist und was sie bedeuten könnte. Geben Sie Ihre Antwort ganz spontan; mehr als 15–20 Minuten Zeit sollten Sie für diesen Test nicht benötigen.

Manche Aussagen enthalten nicht alle Einzelheiten, die man eigentlich wissen müsste, um eine gute Entscheidungsgrundlage zu haben. Machen Sie sich also nicht zu viele Gedanken, z. B. wenn Sie außer Fußball andere Sportarten nicht mögen und auch nicht ausüben. Wenn Sie nun einmal gerne Fußball spielen und das gelegentlich tun, kreuzen Sie ruhig a) an.

Manchmal können Sie sich vielleicht nicht ganz eindeutig entscheiden, und so liegt Ihre persönliche Einstellung zur jeweiligen Aussage irgendwo »dazwischen«. In diesem Fall kreuzen Sie b) an. Das sollten Sie aber bitte nur dann tun, wenn es Ihnen wirklich unmöglich erscheint, sich zwischen den anderen beiden Antwortmöglichkeiten zu entscheiden.

Bitte bearbeiten Sie jede Aussage. Manche mögen Ihnen vielleicht zu persönlich erscheinen, aber es geht hier nicht um einzelne Antworten, sondern nur um das Gesamtbild.

1. Gleiches Gehalt vorausgesetzt, wäre ich lieber …
   a) Chemiker im Labor
   b) unsicher
   c) Manager im Hotel

2. Ich halte viel von dem Satz »Erst die Arbeit, dann das Vergnügen«.
   a) stimmt
   b) teils-teils
   c) stimmt nicht

3. Ich arbeite lieber …
   a) mit Zahlen und Statistiken
   b) unsicher
   c) mit Menschen zusammen

4. Karriere ist nicht alles im Leben.
   a) stimmt
   b) teils-teils
   c) stimmt nicht

5. Ich vermeide es, mich mit Leuten rumzustreiten.
   a) ja
   b) manchmal
   c) nein

6. Wenn Leute mit Moral argumentieren, regt mich das auf.
   a) stimmt
   b) teils-teils
   c) stimmt nicht

7. In unserer Wirtschaftsordnung sollte im Prinzip alles so bleiben, wie es ist.
   a) stimmt
   b) teils-teils
   c) stimmt nicht

8. Lieber ein ganz sicherer Arbeitsplatz mit festem, aber kleinem Gehalt als das Gegenteil.
   a) stimmt
   b) teils-teils
   c) stimmt nicht

9. Wenn andere die Köpfe zusammenstecken und tuscheln, denke ich, dass sie schlecht über mich reden könnten.
   a) stimmt
   b) teils-teils
   c) stimmt nicht

10. Ich denke, dass ich Herausforderungen mutig begegne.
    a) ja, meistens
    b) manchmal
    c) sehr selten

11. Mit einer schweren Erkältung im Bett liegend, …
    a) versuche ich, die Zeit als eine Art Urlaub zu genießen
    b) teils-teils
    c) denke ich an die liegen bleibende Arbeit

12. Ich fühle mich oft einsam.
    a) stimmt
    b) teils-teils
    c) stimmt nicht

13. Nachts habe ich bisweilen schlechte Träume.
    a) stimmt
    b) teils-teils
    c) stimmt nicht

14. Ich lese lieber ein gutes Buch, als mich mit anderen angeregt zu unterhalten.
    a) stimmt
    b) teils-teils
    c) stimmt nicht

15. Wenn andere erfolgreich sind, kann ich sie schon ein bisschen beneiden.
    a) stimmt
    b) teils-teils
    c) stimmt nicht

16. Wenn jemand es verdient, kann ich sehr spöttisch sein.
    a) im allgemeinen
    b) manchmal
    c) nie

17. Wenn jemand besonders freundlich zu mir ist, frage ich mich schnell, warum – und was möglicherweise dahintersteckt.
    a) stimmt
    b) teils-teils
    c) stimmt nicht

18. Auch kleinere Experimente können ein schwer kalkulierbares Risiko beinhalten.
    a) stimmt meistens
    b) teils-teils
    c) stimmt selten

19. Ich glaube nicht, dass mir jemand wirklich Schwierigkeiten wünscht.
    a) stimmt
    b) teils-teils
    c) stimmt nicht

20. Jemandem, der mein Vertrauen enttäuscht, …
    a) bin ich sehr böse
    b) teils-teils
    c) kann ich recht schnell wieder verzeihen

21. Ich habe Qualitäten, die mich vielen anderen überlegen machen.
    a) stimmt
    b) unsicher
    c) stimmt nicht

22. Es ist mir unangenehm, andere in Verlegenheit zu bringen.
    a) stimmt
    b) teils-teils
    c) stimmt nicht

23. Ich möchte im Leben vorankommen.
    a) stimmt
    b) teils-teils
    c) stimmt nicht

24. Wenn ich mit mehreren Menschen im Fahrstuhl fahre, beschleicht mich ein unangenehmes Gefühl.
    a) stimmt
    b) teils-teils
    c) stimmt nicht

25. Wenn ich zu Bett gehe, kann ich gut einschlafen.
    a) stimmt
    b) teils-teils
    c) stimmt nicht

26. Es passiert mir häufiger, dass ich die Arbeit anderer kritisiere.
    a) stimmt
    b) teils-teils
    c) stimmt nicht

27. Die Welt braucht zur Orientierung mehr …
    a) Beständigkeit und Verlässlichkeit
    b) unsicher
    c) Ideale und Utopien

28. Nur aus Angst vor Strafe verhalten sich die meisten Menschen korrekt.
    a) stimmt
    b) teils-teils
    c) stimmt nicht

29. Als Kind war ich selten anderer Meinung als meine Eltern.
    a) stimmt
    b) teils-teils
    c) stimmt nicht

30. Im Straßenverkehr lasse ich mich auf keinen Fall unterkriegen.
    a) stimmt
    b) teils-teils
    c) stimmt nicht

31. Jemanden, der schlecht über mich redet, …
    a) lasse ich links liegen
    b) unsicher
    c) versuche ich zu ertappen und zur Rede zu stellen

32. Oft fällt es mir schwer, angefangene Arbeiten auch zu vollenden.
    a) stimmt
    b) teils-teils
    c) stimmt nicht

33. Es macht mir Spaß, mit anderen Leuten zu reden.
    a) stimmt
    b) teils-teils
    c) stimmt nicht

34. Bei gleichem Gehalt wäre ich lieber …
    a) Lehrer
    b) unsicher
    c) Förster

35. Bei mir läuft vieles schief.
    a) stimmt
    b) teils-teils
    c) stimmt nicht

36. Tagträumereien kenne ich bei mir nicht.
    a) stimmt
    b) teils-teils
    c) stimmt nicht

37. Ziele, die ich mir gesetzt habe, erreiche ich fast immer.
    a) stimmt
    b) teils-teils
    c) stimmt nicht

38. Bei gleicher Arbeitszeit und gleichem Gehalt wäre ich in einem guten Restaurant gerne …
    a) Kellner
    b) unsicher
    c) Koch

39. In einer Fabrik wäre ich gerne verantwortlich für …
    a) den Maschinenpark
    b) unsicher
    c) die Personalabteilung

40. Das ganze Jahr über freue ich mich auf den Urlaub.
    a) stimmt
    b) teils-teils
    c) stimmt nicht

41. Lieber schreibe ich in einer schwierigen Situation einen Brief, als ein Telefonat zu führen.
    a) stimmt
    b) teils-teils
    c) stimmt nicht

42. Am liebsten gehe ich in allen Dingen meine eigenen Wege.
    a) stimmt
    b) teils-teils
    c) stimmt nicht

43. Wer viel lächelt, meint es oft nicht gut.
    a) stimmt
    b) teils-teils
    c) stimmt nicht

44. Ein unaufgeräumter Schreibtisch stellt für mich und meinen Ordnungssinn eine Herausforderung dar.
    a) stimmt
    b) teils-teils
    c) stimmt nicht

45. Einen besonderen, ausgefallenen Wunsch zu äußern fällt mir schwer.
    a) stimmt
    b) teils-teils
    c) stimmt nicht

46. Das Sprichwort »Lieber der Spatz in der Hand als die Taube auf dem Dach« ist für meine Einstellung zum Leben …
    a) zutreffend
    b) unsicher
    c) unzutreffend

47. Wenn Leute freundlich zu mir sind, denke ich, dass sie hinter meinem Rücken schlecht über mich reden.
    a) stimmt
    b) teils-teils
    c) stimmt nicht

48. Wenn mir im Restaurant das Essen nicht schmeckt, fällt es mir schwer, beim Kellner zu reklamieren.
    a) stimmt
    b) teils-teils
    c) stimmt nicht

49. Das Sprichwort »Was der Bauer nicht kennt, das isst er nicht« gilt für mich.
    a) stimmt
    b) teils-teils
    c) stimmt nicht

50. Ich bin dafür, dass man bei Problemlösungen
    a) auf bewährte Methoden zurückgreift
    b) teils-teils
    c) neue Wege und Vorschläge ausprobiert

51. Bei einer wichtigen Arbeit lasse ich mich nicht gerne unterbrechen.
    a) stimmt
    b) teils-teils
    c) stimmt nicht

52. Wenn ich eine große Geldsumme für wohltätige Zwecke zur Verfügung hätte, würde ich …
    a) den vollen Betrag der Kirche überlassen
    b) die Hälfte der Kirche, die Hälfte der Wissenschaft geben
    c) den vollen Betrag für die Wissenschaft spenden

53. Wenn das Wetter sich verändert, spüre ich Auswirkungen auf meine Arbeitsleistung und Stimmung.
    a) zutreffend
    b) gelegentlich
    c) unzutreffend

54. Ich bin lieber für mich allein als mit anderen zusammen.
    a) stimmt
    b) teils-teils
    c) stimmt nicht

55. Ich bin selten krank.
    a) stimmt
    b) teils-teils
    c) stimmt nicht

56. Oft denke ich über Möglichkeiten nach, wie man die Gesellschaft verändern müsste, damit alles besser funktioniert.
    a) stimmt
    b) teils-teils
    c) stimmt nicht

57. Wenn ich im Kaufhaus nicht so bedient werde, wie ich es für angemessen halte, lasse ich – wenn nötig – die/den Abteilungsleiter/in rufen.
    a) stimmt
    b) teils-teils
    c) stimmt nicht

58. Wenn ich mein Leben noch einmal vor mir hätte, würde ich …
    a) es ganz anders planen
    b) weiß nicht
    c) es mir ziemlich genauso wünschen

59. Ich bin für eine gewissenhafte Planung und Organisation bei der Arbeit.
    a) stimmt
    b) teils-teils
    c) stimmt nicht

60. Ich neige zu Stimmungsschwankungen.
    a) stimmt
    b) gelegentlich
    c) stimmt nicht

61. Mir geht im Leben manches daneben.
    a) selten
    b) manchmal
    c) oft

62. Oftmals leide ich unter einem Gefühl des Alleinseins.
   a) stimmt
   b) teils-teils
   c) stimmt nicht

63. Der berufliche Aufstieg ist nicht das Wichtigste im Leben.
   a) stimmt
   b) teils-teils
   c) stimmt nicht

64. Ich streite nicht gern mit anderen Menschen.
   a) stimmt
   b) teils-teils
   c) stimmt nicht

65. Oft kann ich an Leistungen anderer kein gutes Haar lassen.
   a) stimmt
   b) teils-teils
   c) stimmt nicht

66. Am System der sozialen Marktwirtschaft gibt es viel zu reformieren.
   a) stimmt
   b) teils-teils
   c) stimmt nicht

Geschafft! In einer realen Testsituation haben solche Persönlichkeitstests etwa zwischen 100 und 250 Fragen bzw. Aussagen (oder in der Psycho-Fachsprache: Items). Sie sind sicher schon auf Ihr »persönliches« Ergebnis gespannt. Die Testauflösung finden Sie auf der folgenden Seite.

Auflösung des Tests
66 Persönlichkeitsentscheidungen

Nun zur Auflösung des Persönlichkeitstests:
Dazu die folgende Aufstellung (Angabe der Persönlichkeitsmerkmale sowie der
Punktzahlen für die a / b / c-Ankreuzungen):

		Punktwertung Item			Persönlichkeitsmerkmal
1	Kontakt	2	1	0	
2	Leistung	0	1	2	
3	Kontakt	2	1	0	
4	Leistung	2	1	0	
5	Durchsetzung	2	1	0	
6	Vertrauen	2	1	0	
7	Veränderung	2	1	0	
8	Veränderung	2	1	0	
9	Vertrauen	2	1	0	
10	Durchsetzung	0	1	2	
11	Leistung	2	1	0	
12	Kontakt	2	1	0	
13	Ausgeglichenheit	2	1	0	
14	Kontakt	2	1	0	
15	Leistung	0	1	2	
16	Durchsetzung	0	1	2	
17	Vertrauen	2	1	0	
18	Veränderung	2	1	0	
19	Vertrauen	0	1	2	
20	Vertrauen	2	1	0	
21	Durchsetzung	0	1	2	
22	Durchsetzung	2	1	0	
23	Leistung	0	1	2	
24	Ausgeglichenheit	2	1	0	
25	Ausgeglichenheit	0	1	2	
26	Vertrauen	2	1	0	
27	Veränderung	2	1	0	

		Punktwertung Item			Persönlichkeitsmerkmal
28	Vertrauen	2	1	0	
29	Veränderung	2	1	0	
30	Durchsetzung	0	1	2	
31	Vertrauen	0	1	2	
32	Leistung	2	1	0	
33	Kontakt	0	1	2	
34	Kontakt	0	1	2	
35	Ausgeglichenheit	2	1	0	
36	Ausgeglichenheit	0	1	2	
37	Ausgeglichenheit	0	1	2	
38	Kontakt	0	1	2	
39	Kontakt	2	1	0	
40	Leistung	2	1	0	
41	Kontakt	2	1	0	
42	Durchsetzung	0	1	2	
43	Vertrauen	2	1	0	
44	Leistung	0	1	2	
45	Durchsetzung	2	1	0	
46	Veränderung	2	1	0	
47	Vertrauen	2	1	0	
48	Durchsetzung	2	1	0	
49	Veränderung	2	1	0	
50	Veränderung	2	1	0	
51	Leistung	0	1	2	
52	Veränderung	2	1	0	
53	Ausgeglichenheit	2	1	0	
54	Kontakt	2	1	0	
55	Ausgeglichenheit	0	1	2	
56	Veränderung	0	1	2	
57	Durchsetzung	0	1	2	
58	Ausgeglichenheit	2	1	0	
59	Leistung	0	1	2	
60	Ausgeglichenheit	2	1	0	
61	Ausgeglichenheit	0	1	2	
62	Kontakt	2	1	0	
63	Leistung	2	1	0	

Auflösung 66 Persönlichkeitsentscheidungen

64	Durchsetzung	2	1	0
65	Vertrauen	2	1	0
66	Veränderung	0	1	2

Addieren Sie bitte die Punktwerte für Ihre Ankreuzungen pro Persönlichkeitsmerkmal (zu den Merkmalen 61–66 vgl. S. 118ff.):

Punkte		Punkte		Punkte	
A Kontakt		B Leistung		C Durchsetzung	
Item	1	Item	2	Item	5 ....
	3		4		10 ....
	12		11		16 ....
	14		15		21 ....
	33		23		22 ....
	34		32		30 ....
	38		40		42 ....
	39		44		45 ....
	41		51		48 ....
	54		59		57 ....
Summe:		Summe:		Summe:	

Punkte		Punkte		Punkte	
D Vertrauen		E Ausgeglichenheit		F Veränderung	
Item	6	Item	13	Item	7 ....
	9		24		8 ....
	17		25		18 ....
	19		35		27 ....
	20		36		29 ....
	26		37		46 ....
	28		53		49 ....
	31		55		50 ....
	43		58		52 ....
	47		60		56 ....
Summe:		Summe:		Summe:	

Tragen Sie jetzt bitte Ihre Punktwerte hier ein:

A Kontaktfähigkeit   ....
B Leistungsbereitschaft   ....
C Durchsetzungsvermögen   ....
D Vertrauensbereitschaft   ....
E Ausgeglichenheit   ....
F Veränderungsbereitschaft   ....

Sie müssen pro Persönlichkeitsmerkmal jeweils einen Punktwert zwischen 0 und 20 erreicht haben. Tragen Sie jetzt bitte Ihre Punktwerte für die Themenbereiche A–F auf der nachstehenden Tabelle ein, und verbinden Sie die Punkte durch eine Linie:

	0 1 2 3 4 5 6 7 8 9 10 11 12 13 14 15 16 17 18 19 20	
A Kontakt-fähigkeit		Kontakt-unfähigkeit
B Leistungs-bereitschaft		Leistungs-vermeidung
C Durchset-zungsvermögen		Unterordnungs-bereitschaft
D Vertrauens-bereitschaft		Misstrauens-bereitschaft
E Ausgeglichen-heit		Unausge-glichenheit
F Veränderungs-Bereitschaft		Sicherheits-denken

Wie sieht Ihre »Persönlichkeits-Linie« aus? Ein Blitz, mit extremen Zacken (nahe an 0 oder 20), eine Diagonale wie im Firmenzeichen der Deutschen Bank, eine Senkrechte in der Mitte (10) oder mehr rechts bzw. links davon?

Die Form Ihrer Linie – man kann auch von einem (Persönlichkeits-)Profil sprechen – hat eine Bedeutung. Wie bzw. was hier aus dem Verlauf der Linie herausgelesen wird, wollen wir Ihnen jetzt demonstrieren:

Es wäre denkbar, dass Sie z. B. beim Persönlichkeitsmerkmal A Kontakt 20 Punkte haben, was zum Ausdruck bringen würde: Sie sind – vorsichtig formuliert – ein sehr kontaktscheuer, ein kontaktvermeidender Mensch. Das andere

Extrem wäre ein Punktwert von 0, der für eine extrem hohe Kontaktbereitschaft spräche. Beide Extremwerte sind sicherlich selten. Sie sollen aber verdeutlichen, dass der Persönlichkeitsbereich »Kontaktfähigkeit« aus zwei gegenüberliegenden Positionen auf einer Achse bzw. Skala besteht (vereinfacht: vergleichbar der Ost-West-Achse auf einem Kompass). Es geht um die extremen Pole »heiß« und »kalt« und alles, was an Abstufungen dazwischen denkbar ist.

Wie kommt der Punktwert auf der Skala »Kontaktfähigkeit« zustande? Für eine Ankreuzung, die für Kontaktfähigkeit spricht, haben Sie 0 Punkte erhalten, für eine Antwort in Richtung Kontaktvermeidung 2 Punkte, für eine mittlere Position (teils-teils) 1 Punkt. 10 Items zum Thema »Kontakt« ergeben den von Ihnen oben addierten Gesamtpunktwert.

Diese Vorgehens-, Aufbau- und Auswertungsweise trifft für alle aus gegensätzlichen Positionen aufgebauten Persönlichkeitsmerkmale zu:

A   Kontakt: Kontaktfähigkeit – Kontaktunfähigkeit
B   Leistung: Leistungsbereitschaft – Leistungsvermeidung/-unwilligkeit
C   Durchsetzung: Durchsetzungsvermögen – Unterordnungsbereitschaft
D   Vertrauen: Vertrauensbereitschaft – Misstrauensbereitschaft
E   Ausgeglichenheit: Ausgeglichenheit – Unausgeglichenheit
F   Veränderung: Veränderungsbereitschaft – Sicherheitsdenken

Sie merken schon, dass die auf den ersten Blick relativ wertfreien Themen- bzw. Persönlichkeitsmerkmale zunehmend mit Inhalt gefüllt werden und ein Charakterbild ermöglichen, wenn auch im Sinne einer etwas groben »Schwarz-Weiß-Malerei«.

Klingt der Themenbereich A »Kontakt« noch recht harmlos, gilt das für die beiden Pole »kontaktfähig« gegenüber »kontaktunfähig« nicht mehr. »Kontaktfähig« bedeutet im Extrem (Punktwert 0 oder 1) eine hochgradige, übertriebene Kontaktsucht und -gier, »Kontaktunfähigkeit« (20 oder 19 Punkte) eine Kontaktstörung, für die die Charakterisierung »kontaktscheu« noch eine Untertreibung darstellen würde.

Die mittleren Werte 7-13 (in der genauen Mitte 10 bzw. 9 und 11) zeigen eine unauffällige, neutrale Position auf der Skala zwischen »heiß« und »kalt« (kontaktbesessen – kontaktgestört). Hätten Sie bei den Entscheidungsfragen zum Themenbereich »Kontakt« immer die ausgewogene Mitte (b = teils-teils etc.) angekreuzt, wäre die Punktzahl 10 das Ergebnis.

Die Punktwerte 12 und 13 geben ebenso wie 8 und 7 eine Tendenz an – im Sinne einer Ausprägung in Richtung weniger oder stärker kontaktorientiert.

6 und 5, auf der anderen Seite 14 und 15 zeigen noch deutlicher, in welche Richtung Ihre Persönlichkeit in Sachen Kontaktverhalten »ausschlägt«.

4 und 3 als Punktwerte einerseits bzw. 16 und 17 andererseits sind in diesem Persönlichkeitstest sehr deutliche Hinweise auf die Art Ihres Kontaktverhaltens (bis hin zum extremen Rand: 2 bzw. 18).

Ein extrem kontaktbetonter Mensch beschriebe sich im Test folgendermaßen: Er arbeitet bevorzugt als Manager im Hotel, Lehrer oder Kellner (Items 1, 34, 38), grundsätzlich jedenfalls eher mit Menschen als mit Zahlen (3) und kennt somit keine Einsamkeitsgefühle (12); er unterhält sich lieber mit als zu lesen (14, 33); klar, dass dieser Mensch und Etschkreuzer sich mehr für die Personalabteilung als für den Maschinenpark interessiert (39) und lieber telefoniert als Briefe schreibt (41).

Wer sich als dermaßen kontaktorientiert beschreibt, sammelt 20 Punkte und riskiert damit (bereits aber auch bei 19 Punkten) die eben erwähnte Charakterisierung als »hochgradig kontaktsüchtig«.

Nun das andere Extrem: Der kontaktvermeidende Mensch arbeitet bevorzugt als Förster, Koch oder Chemiker (34, 38, 1), in jedem Fall lieber mit Zahlen als mit Menschen (3); in einem Unternehmen möchte er eher für den Maschinenpark als für das Personal verantwortlich sein (39); es macht ihm keinen Spaß, mit Leuten zu reden (33), er ist lieber mit einem guten Buch (14) allein für sich (60), kennt Einsamkeitsgefühle (12), und in schwierigen Situationen schreibt er lieber als zu telefonieren (41).

Klar – wer alle diese Items ankreuzt (0 Punkte), stellt sich als völlig kontaktuninteressiert, im Psycho-Klartext gesprochen: als extrem kontaktgestört dar (gilt auch für das Ergebnis 1 Punkt).

Überblick

Das Persönlichkeitsmerkmal A »Kontakt« bedeutet Kontaktfähigkeit – Kontaktunfähigkeit in den extremen Punktwerten:
Kontaktbesessenheit gegenüber schwerer Kontaktstörung.

Das Persönlichkeitsmerkmal B »Leistung« bedeutet Leistungsbereitschaft – Leistungsvermeidung in den extremen Punktwerten:
absolute Leistungsorientierung gegenüber Leistungsverweigerung

› übermotiviert sein	› Drückebergerei
› mehr wollen als können	› Faulheit

Das Persönlichkeitsmerkmal C »Durchsetzung« bedeutet Durchsetzungsvermögen – Unterordnungsbereitschaft in den extremen Punktwerten:
starkes Dominanzstreben gegenüber ausgeprägter Gefügigkeit

> Selbstbehauptung, Selbstbewusstsein   > Anpassungsbereitschaft
> Egoismus, Unnachgiebigkeit   > Unterwürfigkeit, Kriecherei

Das Persönlichkeitsmerkmal D »Vertrauen« bedeutet Vertrauensbereitschaft – Misstrauensbereitschaft in den extremen Punktwerten:
Vertrauensseligkeit gegenüber misstrauischem Argwohn

> Vertrauensduselei   > kritische Skepsis
> dümmliche Naivität   > Nörgelsucht

Das Persönlichkeitsmerkmal E »Ausgeglichenheit« bedeutet Ausgeglichenheit – Unausgeglichenheit in den extremen Punktwerten:
extreme Dickfelligkeit gegenüber psychischer Gestörtheit

> kühle Robustheit   > extreme Stimmungs-
> seelische Unberührbarkeit   schwankungen
>   > »hysterische« Charakterzüge

Das Persönlichkeitsmerkmal F »Veränderung« bedeutet Veränderungsbereitschaft – Sicherheitsdenken in den extremen Punktwerten:
hohe Risikobereitschaft gegenüber starrem Konservativismus

> Radikalismus   > keine Flexibilität
> revolutionäre Tendenzen   > absolute Starrheit

Kurzinterpretation

A »Kontakt«

0–1 Punkt:
Was ist mit Ihnen los? Sie stürzen sich ja auf alles, was sich bewegt, so kontaktbesessen sind Sie. Stimmt das wirklich? Können Sie nicht mal fünf Minuten für sich alleine sein?

2–4 Punkte:
Sie sind sehr, sehr kontaktfreudig. Das macht Sie vielen Leuten sympathisch, manche reagieren aber auch mit deutlicher Zurückhaltung darauf. Bei denen kommen Sie trotz aller Bemühungen nicht besonders gut an.

5–7 Punkte:
Sie sind ein aufgeschlossener und überzeugend kontaktfreudiger, sympathischer Mensch. Das spürt man, und so kommt man Ihnen gerne näher.

8–9 Punkte:
Sie sind kontaktfreudig, aber in Grenzen.

10 Punkte:
Bei Ihnen herrscht eine ausgewogene Balance. Sie mögen die Kontaktaufnahme mit anderen, wenn Ihnen der Sinn danach steht. Aber Sie sind auch gerne für sich.

11–12 Punkte:
Sie sind im Kontakt mit Ihren Mitmenschen ein wenig zurückhaltend. Warum auch nicht?

13–15 Punkte:
Sie sind eher abwartend, was das Anknüpfen von Kontakten betrifft. Vielleicht sind Sie nur einfach wählerisch und suchen sich Ihre Mitmenschen besonders gut aus. Oder haben Sie gewisse Hemmungen, auf andere zuzugehen?

16–18 Punkte:
Sie sind deutlich kontaktscheu. Aus diesem Grund wirken Sie eher kühl bzw. reserviert. Woher kommt Ihre Angst vor Menschen?

19–20 Punkte:
Was ist mit Ihnen los? Sind Sie eine im eigenen Haus gefangene Schnecke? Lehnen Sie wirklich alle Kontakte so rigoros ab, und möchten Sie nur für sich bleiben?

B »Leistung«

0–1 Punkt:
Sie sind ohne Rast und Ruhe, wie ein Löwe auf der Jagd, und wollen stets Größtes leisten. Gelingt Ihnen das wirklich, oder übernehmen Sie sich damit nicht ein wenig? Zählt bei Ihnen wirklich nur Leistung?

2–4 Punkte:
Sie sind stark leistungsorientiert. Ruhepausen sind nichts für Sie und Ihre Schaffenskraft. Ziele, die Sie sich vornehmen, verwirklichen Sie in der Regel – koste es, was es wolle.

5–7 Punkte:
Sie leisten etwas und fühlen sich dabei wohl. Leistung macht Ihnen einfach Spaß. Sie scheuen keine Aufgabe.

8–9 Punkte:
Leistung ist für Sie kein Fremdwort. Man kann sich diesbezüglich auf Sie verlassen.

10 Punkte:
Sie zeigen eine ausgewogene Leistungsbalance. »Nicht zu viel und nicht zuwenig« könnte Ihr Motto sein.

11–12 Punkte:
Bevor Sie darauf losarbeiten, überlegen Sie zunächst, wie Sie sich die anstehende Aufgabe erleichtern könnten.

13–15 Punkte:
Sie stehen Leistungsanforderungen kritisch gegenüber. Bevor Sie sich anstrengen, wollen Sie erst mal wissen, wofür und ob sich die Mühe denn auch wirklich lohnt.

16–18 Punkte:
Die Arbeit wurde nicht unbedingt für Sie erfunden. Wenn es nicht sein muss, kommen Sie bestens ohne aus. Leistungsvermeidung ist das Stichwort.

19–20 Punkte:
Sie stellen sich als ausgesprochen faul dar. Stimmt das denn so, sind Sie wirklich ein Leistungsverweigerer und rechter Tunichtgut? Gibt es wirklich rein gar nichts, was Sie anspornen kann?

C »Durchsetzung«

0–1 Punkt:
So manch einer hält Sie für einen unnachgiebigen Egoisten, der sich um jeden Preis durchsetzen muss. Sehen Sie sich auch so machtbesessen?

2–4 Punkte:
Sie scheinen ausgesprochen willensstark zu sein. Deshalb bestimmen Sie gerne und fast immer, wo es langgeht. Sie sind ein »Leader«-Typ.

5–7 Punkte:
Sie wissen, was Sie wollen und wie Sie das kriegen. Sie lassen sich die Butter nicht vom Brot nehmen.

8–9 Punkte:

Wenn Sie etwas Wichtiges für sich wollen, schaffen Sie es meistens auch. Sie wissen recht gut, wie Sie Ihre Vorhaben durchsetzen können.

10 Punkte:

Sie können sich einfügen oder führen – je nach Situation. Dabei haben Sie ein ausgewogenes Verhältnis zu Befehl und Gehorsam.

11–12 Punkte:

Sie sind gerne bereit, sich anzupassen, wenn es Sinn macht. Damit haben Sie keine Probleme und machen keine.

13–15 Punkte:

Anpassungs- und Einordnungsbereitschaft gehört zu Ihren starken Seiten. Dabei kommt Ihr Durchsetzungsvermögen logischerweise zu kurz. Schade.

16–18 Punkte:

Sie sind wirklich extrem anpassungswillig, häufig auf Kosten Ihrer eigenen Person. Ist Ihnen das bewusst?

19–20 Punkte:

Diese unterwürfige Anpassungsbereitschaft kann bis zur Kriecherei gehen. Haben Sie sich verrechnet?

D »Vertrauen«

0–1 Punkt:

Sie sind das ideale Opfer für jeden Trickbetrüger und fallen wegen Ihrer hochgradigen Vertrauensseligkeit wirklich auf alles rein.

2–4 Punkte:

Ein unerschütterliches Vertrauenspotenzial zeichnet Sie aus, und mit Ihrem Glauben an das Gute können Sie Berge versetzen.

5–7 Punkte:

Ihr Vertrauen hilft Ihnen und anderen. Das gibt und macht Mut.

8–9 Punkte:

In der Beziehung zu anderen Menschen sind Sie von einer positiven, vertrauensbereiten Grundstimmung getragen.

10 Punkte:

Vertrauen und Misstrauen halten sich bei Ihnen die Waage.

11–12 Punkte:
Kein blindes Vertrauen, sondern eine gesunde Portion Skepsis beschreibt Ihre Grundhaltung.

13–15 Punkte:
Eine deutlich kritische Skepsis zeichnet Sie aus. Sicherlich haben Sie Ihre Erfahrungen gemacht.

16–18 Punkte:
»Vertrauen ist gut, Kontrolle ist besser«, lautet Ihre Devise. Diese Art von ständigem Misstrauen steigert nicht gerade Ihre Beliebtheit bei anderen.

19–20 Punkte:
Sind Sie wirklich ein so misstrauischer, argwöhnischer und nörgelnder Typ? Kaum zu glauben!

E »Ausgeglichenheit«

0–1 Punkt:
Sie sind wirklich »cool wie die Tagesschau«, nichts berührt Sie. Oder ist das alles nur »Mache«?

2–4 Punkte:
Sie haben ein dickes Fell, lassen sich nicht aufregen. Sie gehen mit einer ausgeprägten seelischen Robustheit durchs Leben.

5–7 Punkte:
Gelassenheit ist eine Ihrer wichtigsten Charaktereigenschaften. Sie behalten die Nerven, wenn andere ihre verlieren.

8–9 Punkte:
Eine gewisse innere Ruhe nennen Sie Ihr Eigen. Es gibt viele Menschen, die Sie deshalb bewundern.

10 Punkte:
Zwischen Aufregung und Ruhe halten Sie die Balance.

11–12 Punkte:
Sie können mitfühlen, ohne den Boden unter den Füßen zu verlieren.

13–15 Punkte:
Sie geraten schon mal aus dem Gleichgewicht – auch bei kleineren Anlässen.

16–18 Punkte:
Sie wissen, was Stimmungsschwankungen bedeuten – Ihre Umwelt auch. Wünschen Sie sich nicht manchmal etwas mehr seelische Stabilität?

19–20 Punkte:
Wie ein Grashalm im Wind schwanken Sie von Krise zu Krise. Sind Sie wirklich ein solches Sensibelchen?

F »Veränderung«

0–1 Punkt:
Sie geben sich wirklich total revolutionär. Sind Sie wirklich so radikal, oder möchten Sie nur so erscheinen?

2–4 Punkte:
Sie nehmen jedes Risiko auf sich und zeigen extremen Mut zur Veränderung. Alles Bestehende wird kritisch hinterfragt.

5–7 Punkte:
Neuem stehen Sie aufgeschlossen und interessiert gegenüber.

8–9 Punkte:
Auf Veränderungen reagieren Sie mit Gelassenheit. Sie kommen schon klar.

10 Punkte:
Zwischen Verändern und Bewahren halten Sie die Balance.

11–12 Punkte:
Sie sind kein großer Freund von Veränderungen. Warum auch nicht?

13–15 Punkte:
Sie lieben das Bestehende und beklagen den Wandel. Aber immerhin kommen Sie mit der Realität noch klar.

16–18 Punkte:
Sie sind erzkonservativ. Haben Sie schon einmal an eine politische Karriere gedacht? Zu großes Risiko? Klar.

19–20 Punkte:
Sie wollen nun wirklich alles beim Alten belassen und klammern sich an bestehende Verhältnisse, die möglicherweise längst passé sind. Stimmt das?

Lügenfallen

Bisher haben Sie sich mit den 60 Items beschäftigt, die als Auswertungsgrundlage dem Ziel dienten, Licht in Ihre Persönlichkeitsmerkmale »Kontakt«, »Leistung« usw. zu bringen.

Möglicherweise ist Ihnen aufgefallen, dass die letzten Items des Fragebogens (61–66) bisher noch nicht in die Auswertung einbezogen wurden. Dies wollen wir jetzt nachholen. Dabei handelt es sich um sogenannte »Lügenfragen«, womit die Persönlichkeits-Tester diejenigen Items bezeichnen, die der Überprüfung Ihrer persönlichen Glaubwürdigkeit dienen.

Da gibt es das Item 35 (aus der Persönlichkeitsdimension »Ausgeglichenheit«):

Bei mir läuft manches schief.
- a) oft   (2 Punkte)
- b) manchmal   (1 Punkt)
- c) selten   (0 Punkte)

Für welche Ankreuzung hatten Sie sich entschieden? Bitte vergleichen Sie jetzt dazu Ihre Ankreuzung bei Item 61:

Mir geht im Leben manches daneben.
- a) selten   (0 Punkte)
- b) manchmal   (1 Punkt)
- c) oft   (2 Punkte)

Im Wesentlichen sind beide Aussagen gleich, und Sie sollten deshalb bei den Ankreuzungen keine große Abweichung in der Punktzahl haben. Das bedeutet: Wer in Item 35 2 Punkte hat, sollte auch in Item 61 2 Punkte (wenigstens aber 1 Punkt) haben. Eine etwaige Differenz notieren Sie sich bitte auf einem gesonderten Blatt.

Vergleichen Sie nun bitte Item 12 (aus dem Bereich »Kontakt«):

Ich fühle mich oft einsam.
- a) stimmt   (2 Punkte)
- b) teils-teils   (1 Punkt)
- c) stimmt nicht   (0 Punkte)

mit Item 62:

Oftmals leide ich unter einem Gefühl des Alleinseins.
- a) stimmt (2 Punkte)
- b) teils-teils (1 Punkt)
- c) stimmt nicht (0 Punkte)

Auch hier ist wieder die etwaige Differenz in den Punktwerten zu ermitteln.

Vergleichen Sie nun bitte Item 4 (»Leistung«):

Karriere ist nicht alles im Leben.
- a) stimmt (2 Punkte)
- b) teils-teils (1 Punkt)
- c) stimmt nicht (0 Punkte)

mit Item 63:

Der berufliche Aufstieg ist nicht das Wichtigste im Leben.
- a) stimmt (2 Punkte)
- b) teils-teils (1 Punkt)
- c) stimmt nicht (0 Punkte)

und verfahren Sie wieder so wie oben beschrieben. Vergleichen Sie Item 5 (»Durchsetzung«):

Ich vermeide es, mich mit Leuten rumzustreiten.
- a) ja (2 Punkte)
- b) manchmal (1 Punkt)
- c) nein (0 Punkte)

mit Item 64:

Ich streite nicht gern mit anderen Menschen.
- a) stimmt (2 Punkte)
- b) teils-teils (1 Punkt)
- c) stimmt nicht (0 Punkte)

und verfahren Sie so wie oben beschrieben. Vergleichen Sie Item 26 (»Vertrauen«):

Es passiert mir häufiger, dass ich die Arbeit anderer kritisiere.
- a) stimmt (2 Punkte)
- b) teils-teils (1 Punkt)
- c) stimmt nicht (0 Punkte)

mit Item 65:

Öfter kann ich an den Leistungen anderer kein gutes Haar lassen.
- a) stimmt (2 Punkte)
- b) teils-teils (1 Punkt)
- c) stimmt nicht (0 Punkte)

und verfahren Sie so wie oben beschrieben. Vergleichen Sie Item 7 (»Veränderung«):

In unserer Wirtschaftsordnung sollte im Prinzip alles so bleiben, wie es ist.
- a) stimmt (2 Punkte)
- b) teils-teils (1 Punkt)
- c) stimmt nicht (0 Punkte)

mit Item 66:

Am System der sozialen Marktwirtschaft gibt es viel zu reformieren.
- a) stimmt (0 Punkte)
- b) teils-teils (1 Punkt)
- c) stimmt nicht (2 Punkte)

und verfahren Sie so wie oben beschrieben.

Sie haben jetzt bei den sechs Item-Paaren eine maximale Differenz von 12 Punkten ausrechnen können bzw. – wenn Sie immer gleich geantwortet haben – 0 Punkte. Tragen Sie Ihren Punktwert auf der nachstehenden Skala (der sogenannten »Lügenskala«) ein:

Überein-stimmung	1	2	3	4	5	6	7	8	9	10	11	12	Abweichung
	...	...	...	...	...	...	...	...	...	...	...	...	

Sollte Ihr Abweichungswert bis zu 4 betragen, würde man Ihnen in der Testinterpretation noch eine relativ hohe »Wahrheitstendenz in Ihrem Antwortverhalten« bescheinigen. Bei mehr als 6 Punkten ist die »Ehrlichkeit« beim Bearbeiten des Tests in Frage zu stellen, so dass eine Interpretation eigentlich fragwürdig ist.

Quellenverzeichnis

1) Vgl. Peter Bellgardt, *Rechtsprobleme des Bewerbergesprächs*, Heidelberg 1984, S. 39

2) Nach C. Biedma, P. d'Alphonso, *Die Sprache der Zeichnung*, Bern 1959

3) W. Revers, K. Taeuber, *Der Thematische Apperzeptionstest*, Bern 1968, S. 58

4) *Third Mental Measurement Yearbook*, New Brunswick 1949, S. 103

5) R. B. Catell, *Objective Personality and Motivation Tests*, Chicago 1967, S. 2 (aus Susanne v. Paczensky, *Der Testknacker*, Hamburg 1976, S. 102/103)

6) S. Brockert, G. Braun, *Das EQ-Testbuch – Wie groß ist Ihre emotionale Intelligenz?*, München 1996

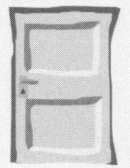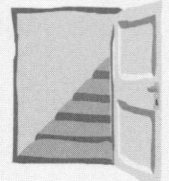